① Addiere.

6 + **9**	
6 + **4** = 10	
10 + **5** = 15	
6 + 9 = 15	

a)
9 + 7 = ⬜⬜
9 + 6 = ⬜⬜
9 + 5 = ⬜⬜
9 + 4 = ⬜⬜
9 + 3 = ⬜⬜

b)
8 + 8 = ⬜⬜
6 + 7 = ⬜⬜
3 + 9 = ⬜⬜
7 + 7 = ⬜⬜
5 + 8 = ⬜⬜

c)
7 + 5 = ⬜⬜
9 + 9 = ⬜⬜
4 + 8 = ⬜⬜
6 + 6 = ⬜⬜
3 + 8 = ⬜⬜

11	12	12	12	12	12	13	13	13	14	14	15	16	16	18

② Subtrahiere.

12 − **5**
12 − **2** = 10
10 − **3** = 7
12 − 5 = 7

a)
13 − 8 = ⬜
13 − 7 = ⬜
13 − 6 = ⬜
13 − 5 = ⬜
13 − 4 = ⬜

b)
16 − 7 = ⬜
15 − 7 = ⬜
14 − 7 = ⬜
13 − 7 = ⬜
12 − 7 = ⬜

c)
11 − 9 = ⬜
16 − 8 = ⬜
18 − 9 = ⬜
12 − 6 = ⬜
15 − 8 = ⬜

2	5	5	6	6	6	7	7	7	8	8	8	9	9	9

③

+	5	9	6	8
9				
8				

④

−	6	5	9	7
14				
12				

⑤ a)
9 + ⬜ = 17
6 + ⬜ = 15
8 + ⬜ = 17
3 + ⬜ = 12

b)
⬜ + 6 = 14
⬜ + 4 = 13
⬜ + 5 = 14
⬜ + 7 = 15

⑥ a)
13 − ⬜ = 9
15 − ⬜ = 7
11 − ⬜ = 5
17 − ⬜ = 8

b)
⬜ − 8 = 8
⬜ − 5 = 9
⬜ − 6 = 6
⬜ − 7 = 7

⑦

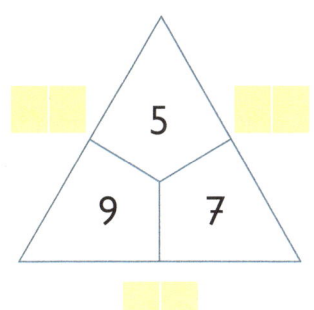

1 und 2: Addieren und Subtrahieren   3 und 4: Tabellen ergänzen   5 und 6: Addieren und Subtrahieren   7: Summen berechnen
LB ▸ 6–7 TÜ ▸ 2–4

3

Tauschaufgaben und Umkehraufgaben

1 Aufgabe und Tauschaufgabe gesucht
Schreibe beide Aufgaben und löse sie.

 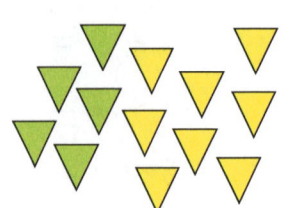 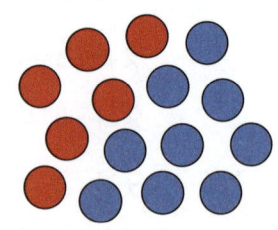 

7 + ☐ = ☐☐   ☐ + ☐ = ☐☐   ☐ + ☐ = ☐☐   ☐ + ☐ = ☐☐
☐ + 7 = ☐☐   ☐ + ☐ = ☐☐   ☐ + ☐ = ☐☐   ☐ + ☐ = ☐☐

2 Löse die Aufgabe und die Tauschaufgabe.

9 + 6 = 15   7 + 8 = ☐☐   6 + 5 = ☐☐   4 + 8 = ☐☐
6 + 9 = 15   8 + ☐ = ☐☐   ☐ + ☐ = ☐☐   ☐ + ☐ = ☐☐

3 Rechne. Überprüfe mit der Umkehraufgabe.

16 − 9 = 7   14 − 8 = ☐   17 − 9 = ☐   11 − 6 = ☐
7 + 9 = 16   ☐ + ☐ = ☐☐   ☐ + ☐ = ☐☐   ☐ + ☐ = ☐☐

6 + 9 = ☐☐   7 + 4 = ☐☐   5 + 9 = ☐☐   4 + 8 = ☐☐
☐☐ − ☐ = ☐   ☐☐ − ☐ = ☐   ☐☐ − ☐ = ☐   ☐☐ − ☐ = ☐

4 Bilde Aufgabenfamilien.

a) **6** **14** **8**   b) **7** **9** **16**   c) **5** **9** **?**

5 Addiere und subtrahiere.

a) 5 + 9 + 4 = ☐☐   b) 17 − 4 − 8 = ☐   c) 13 + 5 − 7 = ☐☐
   8 + 3 + 9 = ☐☐   19 − 6 − 9 = ☐   18 − 9 + 6 = ☐☐
   7 + 6 + 7 = ☐☐   15 − 3 − 5 = ☐   17 + 3 − 9 = ☐☐
   2 + 9 + 3 = ☐☐   16 − 8 − 8 = ☐   12 − 8 + 4 = ☐☐

4

1: Aufgabe und Tauschaufgabe zuordnen und lösen   2: Addieren   3: Addieren und Subtrahieren
4: Aufgabenfamilien bilden   5: Addieren und Subtrahieren mit drei Zahlen
LB ● 8–10   TÜ ● 5–7

1 a) 6 + 1 = ☐ b) 5 + ☐ = 9 c) 8 − 3 = ☐ d) 9 − ☐ = 5

 5 + 4 = ☐ 3 + ☐ = 7 6 − 4 = ☐ 7 − ☐ = 2

 4 + 2 = ☐ ☐ + 4 = 10 7 − 5 = ☐ 8 − ☐ = 1

 2 + 3 = ☐ ☐ + 6 = 8 9 − 6 = ☐ 5 − ☐ = 0

 1 + 7 = ☐ 4 + ☐ = 6 10 − 7 = ☐ 6 − ☐ = 3

2 a) 6 = 4 + ☐ b) 3 = 7 − ☐ c) 4 = 9 − ☐ d) 10 = 3 + ☐

 8 = 3 + ☐ 2 = 8 − ☐ 6 = 8 − ☐ 9 = 6 + ☐

3
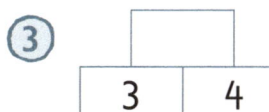 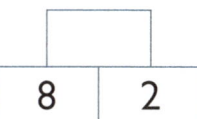 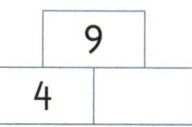

| ☐ | | | ☐ | | | ☐ | | | | 9 | | | 7 | |
| 3 | 4 | | 2 | 3 | | 8 | 2 | | 4 | ☐ | | ☐ | 1 |

4

+	2	3	4	0
6				
4				
5				

5

+		4	5
2	4		3
3			
5			

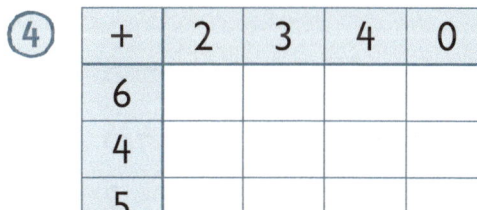

○ 4 5 6 6
7 7 8 8
8 9 9 10

☐ 1 2 4 5
6 6 7 7
7 8 9 10

6 Setze das richtige Zeichen: < = >.

a) 3 + 4 ◯ 5 b) 6 ◯ 2 + 5 c) 10 − 7 ◯ 3 d) 4 ◯ 8 − 3

 7 + 0 ◯ 8 9 ◯ 6 + 2 8 − 4 ◯ 4 10 ◯ 10 − 2

 5 + 5 ◯ 10 8 ◯ 4 + 4 7 − 0 ◯ 8 6 ◯ 6 − 4

7 Rechne und male.

 5 + 2 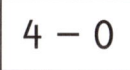 4 − 0

2 + 2 1 + 2 9 − 2 7 + 0 10 − 7 1 + 6

5 − 2 3 + 4 7 − 4 8 − 4 9 − 5 0 + 4 9 − 6

1 und 2: Addieren und Subtrahieren 3: Rechenmauern lösen 4 und 5: Tabellen ergänzen
6: Relationszeichen setzen 7: Summen und Differenzen zuordnen (färben)
LB○4 TÜ○1

1

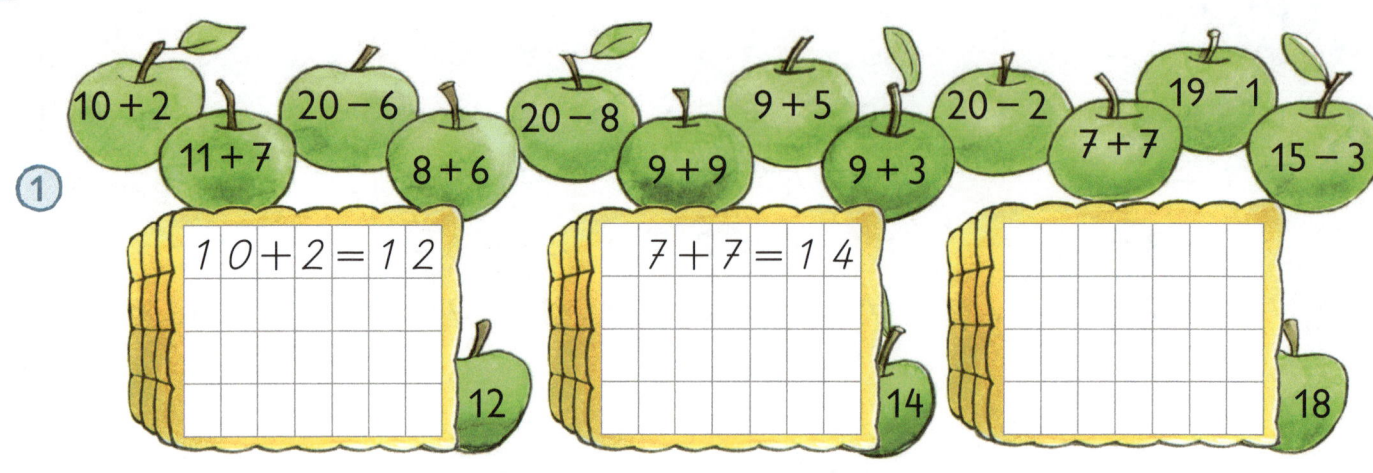

①

| 1 0 + 2 = 1 2 | | 7 + 7 = 1 4 | | | |

12   14   18

② a) 15 + 3 = ☐   b) 12 + 8 = ☐   c) 18 − 7 = ☐   d) 15 − 4 = ☐

12 + 4 = ☐   14 + 4 = ☐   14 − 4 = ☐   17 − 7 = ☐

11 + 9 = ☐   13 + 5 = ☐   16 − 2 = ☐   16 − 3 = ☐

10 + 8 = ☐   15 + 4 = ☐   13 − 3 = ☐   19 − 7 = ☐

10 10 10 11 11 12 13 14 16 18 18 18 18 19 20 20

③ a) 12 + ☐ = 20   b) 18 − ☐ = 13   ④ a) ☐ + 6 = 18   b) ☐ − 5 = 15

16 + ☐ = 19   20 − ☐ = 11   ☐ + 4 = 15   ☐ − 6 = 11

14 + ☐ = 16   19 − ☐ = 12   ☐ + 13 = 20   ☐ − 2 = 18

11 + ☐ = 17   16 − ☐ = 14   ☐ + 11 = 16   ☐ − 4 = 14

⑤

+	4	7	5	3
10				
13				

⑥

−	9	6	4	7
20				
19				

③ 2 2 2 3 5
  6 7 8 9
④ 5 7 11
  12 17 18
  20 20

⑦ Setze das richtige Zeichen: < = > .

a) 18 − 8 ◯ 10   b) 15 − 4 ◯ 12   c) 20 ◯ 12 + 7   d) 9 ◯ 19 − 7

14 + 4 ◯ 16   12 + 6 ◯ 17   16 ◯ 5 + 12   11 ◯ 17 − 6

⑧ a) 12 —+☐→ 20   14 —+☐→ 18   11 —+7→ ☐   14 —+5→ ☐

b) 18 —−☐→ 13   19 —−☐→ 14   17 —−3→ ☐   16 —−6→ ☐

2

1: Aufgaben lösen und zuordnen   2: Addieren und Subtrahieren   3 und 4: Platzhalter bestimmen
5 und 6: Tabellen ergänzen   7: Relationszeichen setzen   8: Platzhalter bestimmen
LB ▶ 5   TÜ ▶ 2−4

Mathefreunde 2

Merkheftchen

- • Die Zahlen bis 100
- • Addition und Subtraktion
- • Addieren zweistelliger Zahlen
- • Multiplikation und Division
- • Geraden, Flächen und Körper
- • Geld, Längen und Zeit
- • Sachaufgaben

Volk und Wissen

Die Zahlen bis 100

Hunderterfeld

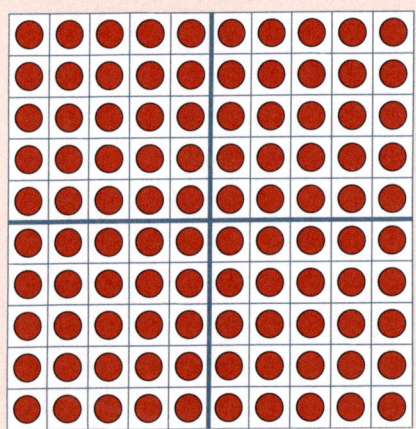

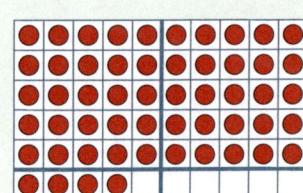

Hundertertafel

1	2	3	4	5	6	7	8	9	10
11	12	13	14	15	16	17	18	19	20
21	22	23	24	25	26	27	28	29	30
31	32	33	34	35	36	37	38	39	40
41	42	43	44	45	46	47	48	49	50
51	52	53	54	55	56	57	58	59	60
61	62	63	64	65	66	67	68	69	70
71	72	73	74	75	76	77	78	79	80
81	82	83	84	85	86	87	88	89	90
91	92	93	94	95	96	97	98	99	100

Z	E
5	4

$5 Z + 4 E$

$50 + 4 = 54$

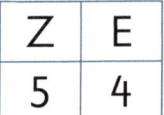

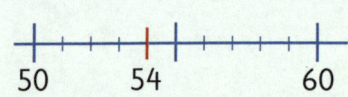

Zahlenstrahl

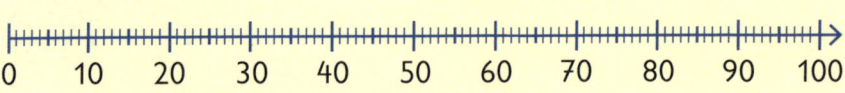

2

Addition – addieren

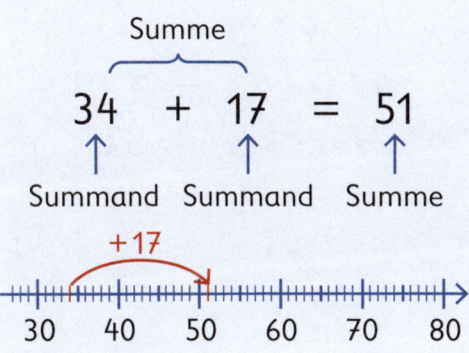

Summe

$$34 + 17 = 51$$

Summand Summand Summe

$+17$

30 40 50 60 70 80

Subtraktion – subtrahieren

Differenz

$$83 - 25 = 58$$

Minuend Subtrahend Differenz

-25

40 50 60 70 80 90

Tauschaufgaben

$$32 + 24 = 56$$
$$24 + 32 = 56$$

Umkehraufgaben

$$32 + 24 = 56$$
$$56 - 24 = 32$$

26 61
35

Aufgabenfamilien

26 **35** **61**

$$26 + 35 = 61 \qquad 61 - 35 = 26$$
$$35 + 26 = 61 \qquad 61 - 26 = 35$$

Merke:

Immer zwei Aufgaben mit **+** und zwei Aufgaben mit **−** gehören zu einer Aufgabenfamilie.

 ## Addieren zweistelliger Zahlen

Rechne so:	Schreibe so:
• den zweiten Summanden in Zehner und Einer zerlegen	47 + 35
• die Zehner addieren	47 + 30 = 77
• die Einer addieren	77 + 5 = 82
	47 + 35 = 82

oder

Rechne so:	Schreibe so:
• beide Summanden in Zehner und Einer zerlegen	47 + 35
• die Zehner addieren	40 + 30 = 70
• die Einer addieren	7 + 5 = 12
• die Summen addieren	47 + 35 = 82

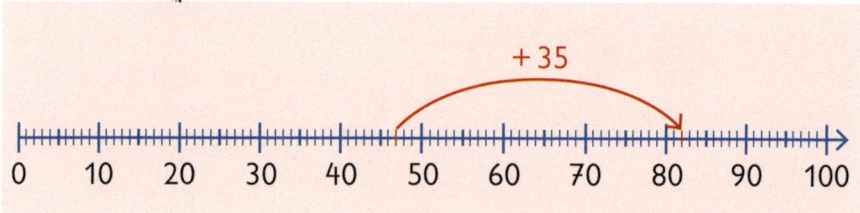

 # Multiplikation und Division

Multiplikation
multiplizieren

Produkt

$$6 \quad \cdot \quad 5 \quad = \quad 30$$

Faktor   Faktor   Produkt

Division
dividieren

Quotient

$$18 \quad : \quad 2 \quad = \quad 9$$

Dividend   Divisor   Quotient

Tauschaufgaben

$$6 \cdot 7 = 42$$
$$7 \cdot 6 = 42$$

Umkehraufgaben

$$6 \cdot 9 = 54$$
$$54 : 9 = 6$$

Aufgabenfamilien

4   **5**   **20**

$$4 \cdot 5 = 20 \qquad 20 : 5 = 4$$
$$5 \cdot 4 = 20 \qquad 20 : 4 = 5$$

Merke:
Immer zwei Aufgaben
mit · und zwei
Aufgaben mit :
gehören zu einer
Aufgabenfamilie.

Geraden, Flächen und Körper

Geraden

Die Geraden **schneiden einander.**	Die Gerade verlaufen **zueinander parallel.**	Die Geraden verlaufen **zueinander senkrecht.**

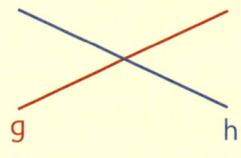
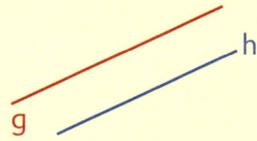
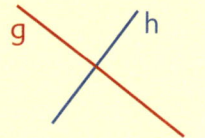

Flächen

Rechteck	**Quadrat**	**Dreieck**	**Kreis**

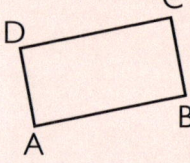
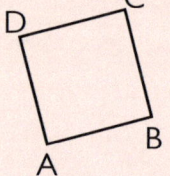
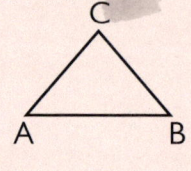
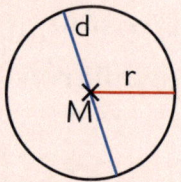

4 Seiten	4 gleich lange Seiten	3 Seiten	M: Mittelpunkt
4 Ecken	4 Ecken	3 Ecken	r: Radius
4 rechte Winkel	4 rechte Winkel		d: Durchmesser

Körper

Quader	**Würfel**	**Kugel**

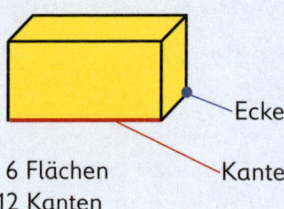
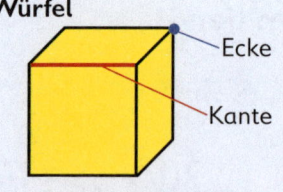

6 Flächen	6 gleich große Flächen	keine Kanten
12 Kanten	12 gleich lange Kanten	keine Ecken
8 Ecken	8 Ecken	

 **Geld, Längen und Zeit**

Geld

Cent (ct) Euro (€)   **1€ = 100 ct**

Es gibt Münzen zu: 1 ct, 2 ct, 5 ct, 10 ct,
                      20 ct, 50 ct, 1 €, 2 €

Es gibt Scheine zu: 5 €, 10 €, 20 €, 50 €, 100 €

Längen

- Millimeter (mm)
- Zentimeter (cm)
- Meter (m)

1 m = 100 cm
1 cm = 10 mm

Längen kannst du messen mit:

- Lineal
- Geodreieck
- Gliedermaßstab
- Bandmaß

Zeit

Jahr
Monat
Woche
Tag
Stunde (h)
Minute (min)

1 Woche = 7 Tage
1 Tag   = 24 Stunden
1 h   = 60 min

Die Uhr

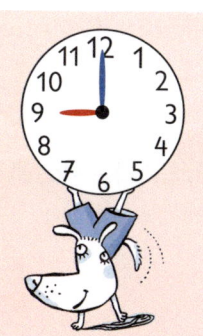

Der **kleine** Zeiger ist der **Stundenzeiger**.

Der **große** Zeiger ist der **Minutenzeiger**.

Es gibt die **Vormittagszeit: 9 Uhr** und die **Nachmittagszeit: 21 Uhr**

Sachaufgaben

So kannst du Sachaufgaben lösen:

Lies die Aufgabe genau.

Achte auf

- besondere Wörter,
- Zahlen und Größen.

Unterstreiche sie.

Eine Torte hat 16 Stück.
9 Stück werden gegessen.
Wie viel Stück bleiben übrig?

Finde die Frage.

- Wonach wird gefragt?

oder

- Wonach kannst du fragen?

Wie viel Stück
bleiben übrig?

**Schreibe die Angaben
für das Rechnen heraus.**

16 Stück waren vorhanden.
9 Stück wurden gegessen.

**Schreibe die Aufgabe auf
und löse sie.**

$16 - 9 = 7$

Antworte im Satz.

Überlege, ob die Antwort
zur Frage passt.

Es bleiben 7 Stück
von der Torte übrig.

① Ordne diese Zehnerzahlen.
Beginne mit der kleinsten Zahl.

② Zehnersprünge am Zahlenstrahl

| 0 | 10 | | | | 50 | | | | | 100 |

a)

Startzahl	Sprünge	Zielzahl
20	3	
60	4	
20	7	
50	5	
10	8	

b) Wie viele Zehnersprünge sind es?

von 50 zu 70: ☐ Sprünge

von 20 zu 60: ☐ Sprünge

von 40 zu 90: ☐ Sprünge

von 60 zu 100: ☐ Sprünge

3 Wahr **w** oder falsch **f** ?

a) Von der 60 bis zur 90 sind 3 Zehnersprünge notwendig. **w** **f**

b) Von der 10 bis zur 100 sind 10 Zehnersprünge notwendig. **w** **f**

c) Von der 40 bis zur 80 sind genauso viele Zehnersprünge
notwendig wie von der 60 bis zur 100. **w** **f**

④ Setze das richtige Zeichen: **< = >**.

a) 5 ⬤ 7   b) 4 ⬤ 6   c) 5 ⬤ 3   d) 10 ⬤ 9   e) 7 ⬤ 6

50 ⬤ 70   40 ⬤ 60   50 ⬤ 30   100 ⬤ 90   70 ⬤ 60

5 Schreibe alle Zehnerzahlen auf, die zwischen den Zahlen liegen.

a) 30 und 70 ☐☐☐☐☐   b) 40 und 90 ☐☐☐☐☐

c) 50 und 100 ☐☐☐☐☐   d) 20 und 80 ☐☐☐☐☐

1: Nach Vorschrift ordnen   2: Zielzahl und Anzahl der Sprünge angeben   3: Wahrheitsgehalt prüfen
4: Relationszeichen setzen   5: Zahlen ermitteln

LB ⊙ 11   TÜ ⊙ 8

5

Addieren und Subtrahieren mit Zehnerzahlen

1

Tipp!

wenn 5 + 3 = 8
dann 50 + 30 = 80

a) 20 + 70 =
   40 + 50 =
   70 + 10 =
   60 + 30 =

b) 80 = 20 +
   60 = 40 +
   50 = 30 +
   70 = 50 +

20	20
20	60
80	90
90	90

2 a) 40 + ▢ = 80
       10 + ▢ = 30
       50 + ▢ = 100
       30 + ▢ = 100

b) ▢ + 30 = 90
   ▢ + 50 = 60
   ▢ + 20 = 70
   ▢ + 10 = 100

10 20 40 50 50 60 70 90

3 20 + 60 + 20 =
     10 + 50 + 20 =
     40 + 30 + 20 =
     10 + 80 + 10 =

80 90 100 100

4

Tipp!

wenn 9 − 4 = 5
dann 90 − 40 = 50

a) 80 − 60 =
   100 − 50 =
    70 − 60 =
    30 − 20 =

b) 70 = 90 −
   40 = 80 −
   10 = 50 −
   50 = 70 −

10	10
20	20
20	40
40	50

5 a) 80 − ▢ = 40
        90 − ▢ = 10
        50 − ▢ = 0
       100 − ▢ = 40

b) ▢ − 10 = 60
   ▢ − 40 = 40
   ▢ − 20 = 50
   ▢ − 80 = 10

40 50 60 70 70 80 80 90

6 100 − 30 − 20 =
     70 − 10 − 40 =
     90 − 40 − 50 =
     60 − 10 − 30 =

0 20 20 50

7 a)

+	30	40	20	10
20				
40				
50				

b)

−	10	30	20	40	50
60					
80					
90					

8 a) 10 + 20 + ▢ = 60
       20 + 40 + ▢ = 90
       30 + ▢ − 30 = 50
       40 + ▢ − 10 = 90

b) 60 − 30 − ▢ = 20
   90 − 20 − ▢ = 50
   70 − ▢ − 20 = 30
   80 − ▢ − 10 = 20

①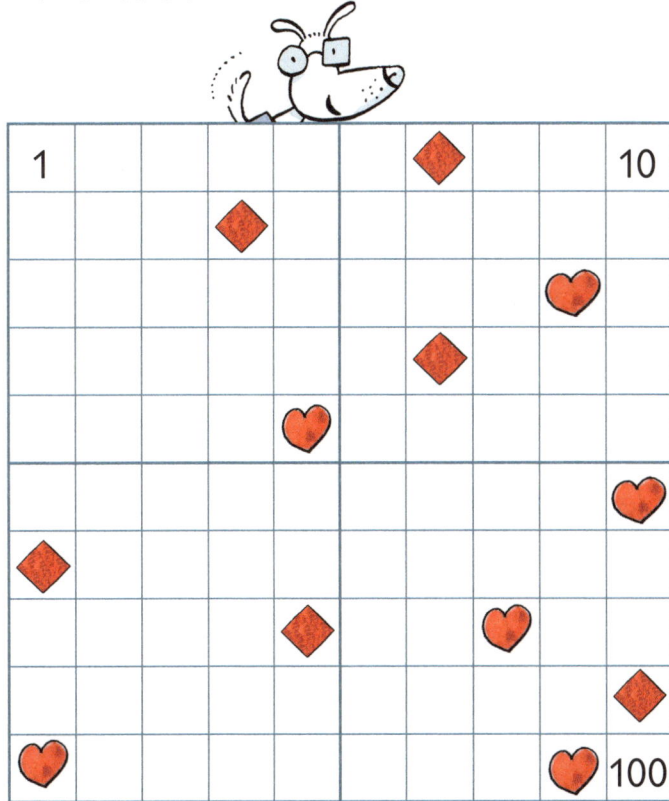

a) Schreibe die Zahlen auf für:

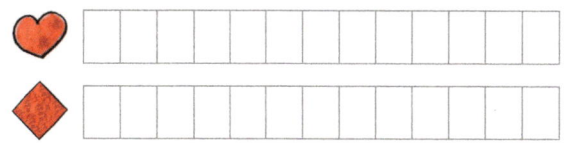

b) Schreibe alle Zahlen mit dem Einer 6 auf.

c) Schreibe alle Zahlen mit dem Zehner 8 auf.

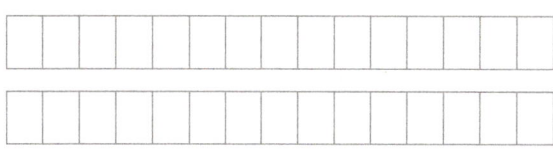

② Welche Zahlen gehören zu den Ballons? Trage sie ein.

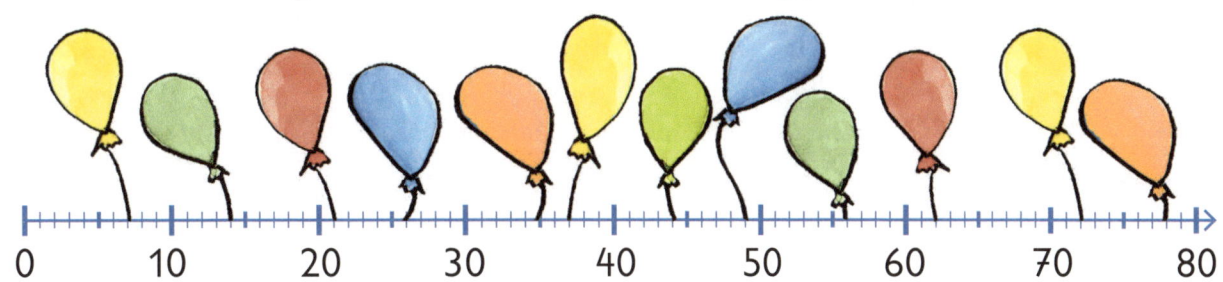

③ a) Welche Zahlen liegen zwischen 42 und 52?

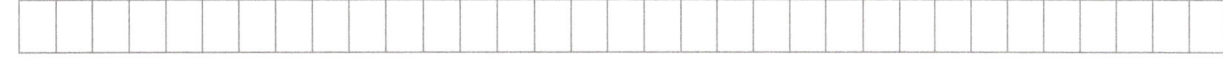

b) Welche Zahlen liegen zwischen 75 und 84?

④ Größer oder kleiner? Setze das richtige Zeichen: < >.

| 34 ⬤ 43 | 46 ⬤ 56 | 66 ⬤ 71 | 99 ⬤ 91 | 44 ⬤ 34 | 29 ⬤ 19 |
| 52 ⬤ 25 | 81 ⬤ 71 | 39 ⬤ 32 | 19 ⬤ 21 | 73 ⬤ 83 | 19 ⬤ 91 |

1 Zeichne eine Gerade a, auf der die Punkte A und B liegen.
Zeichne eine Gerade c, auf der die Punkte C und D liegen.

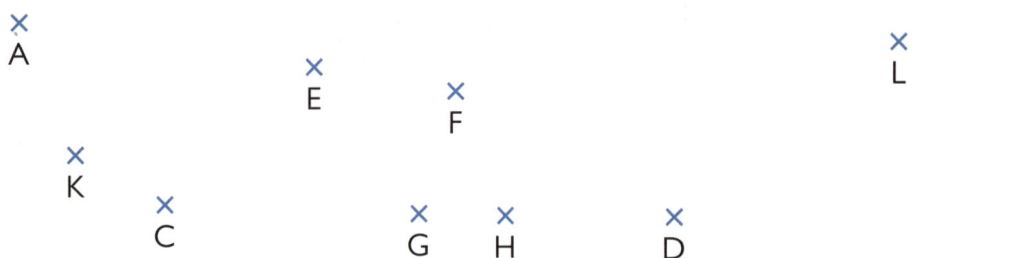

2 Zeichne vier Geraden so durch die Punkte A, B, C und D,
dass ein Viereck entsteht.

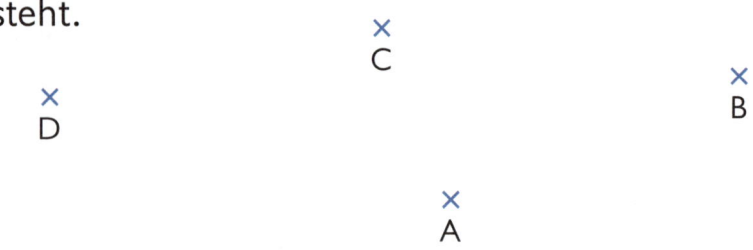

3 Zeichne jeweils eine dritte Gerade.

a) Die drei Geraden sollen sich
nicht schneiden.

b) Die drei Geraden sollen sich
in einem Punkt schneiden.

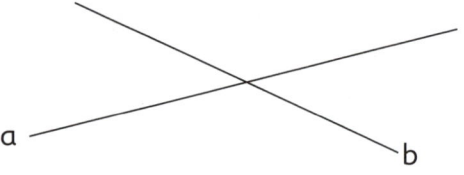

c) Die drei Geraden sollen sich
in zwei Punkten schneiden.

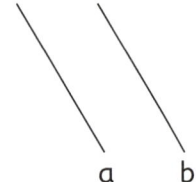

d) Die drei Geraden sollen sich
in drei Punkten schneiden.

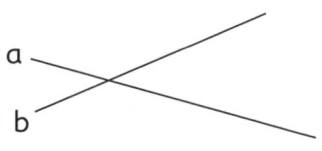

4 Verbinde drei Punkte so,
dass ein Dreieck entsteht.

5 Verbinde vier Punkte so,
dass ein Viereck entsteht.

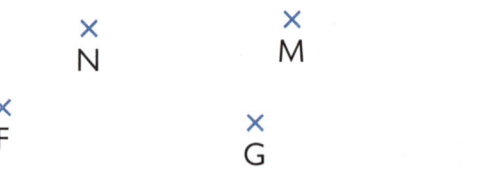

8

1 und 2: Geraden nach Vorgabe zeichnen   3: Gerade nach Vorgabe einzeichnen
4: Punkte zu Dreieck/Viereck verbinden, mehrere Möglichkeiten erörtern
LB ▸ 20   TÜ ▸ 14

1 Zeichne parallele Geraden mit der gleichen Farbe nach.
Überprüfe mit dem Geodreieck.

a)

b)

2 Zeichne parallele Geraden.

a)

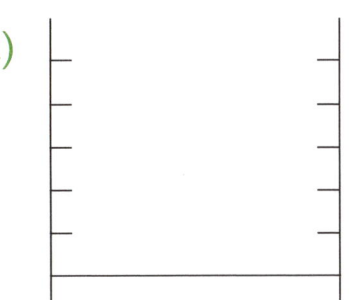

b)

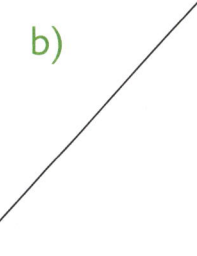

c)

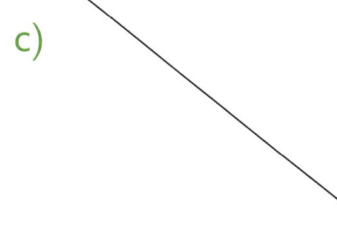

3 Zeichne die Muster mit dem Geodreieck weiter.

Geraden, die zueinander senkrecht sind

① Zeichne die Geraden farbig nach, die zueinander senkrecht sind.
Prüfe vorher mit dem Geodreieck.

② Zeichne die Mauer fertig. Lege das Geodreieck genau an.

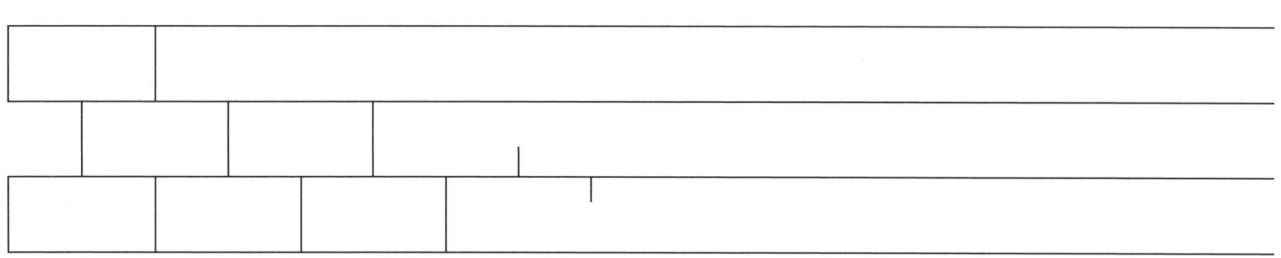

③ Zeichne Geraden senkrecht zur Geraden g, die durch die Punkte
verlaufen.

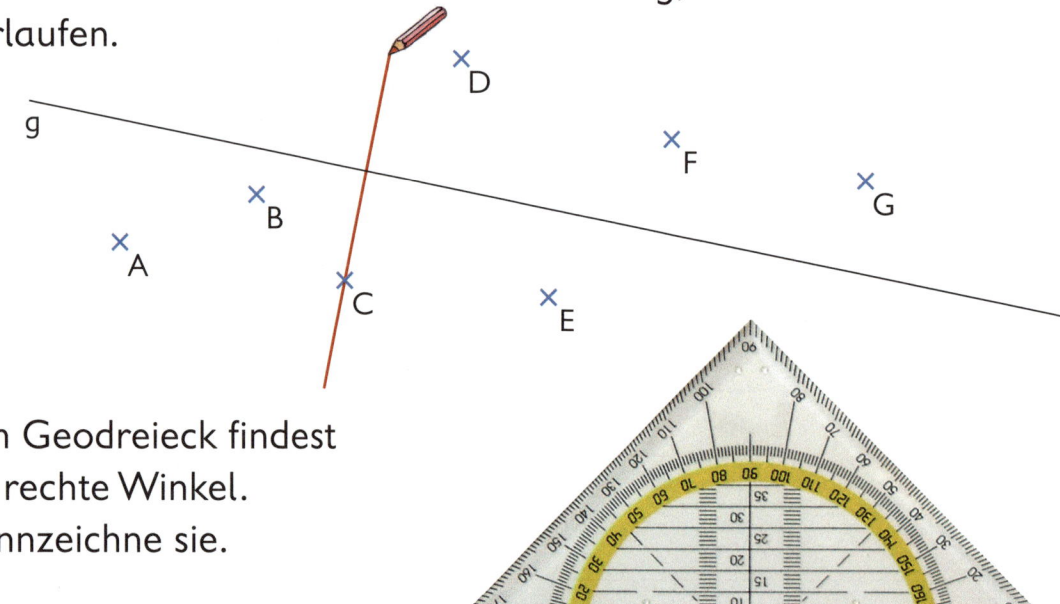

④ Am Geodreieck findest
du rechte Winkel.
Kennzeichne sie.

10

1 bis 3: Erkennen und Zeichnen zueinander senkrechter Geraden mit dem Geodreieck
4: Erkennen und Kennzeichnen rechter Winkel
LB ● 22   TÜ ● 16

1 Welche Zahlen hat Max hier in Geheimschrift geschrieben?

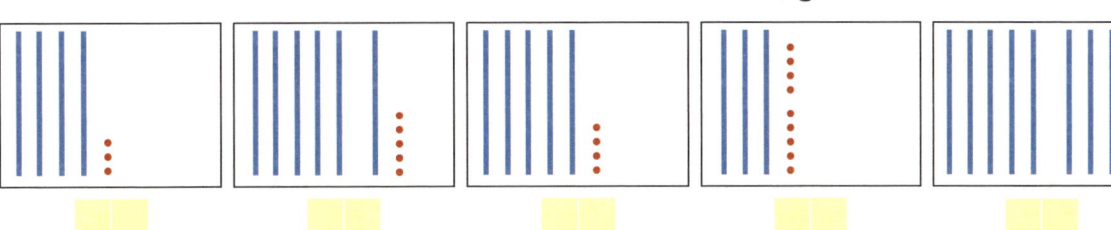

2 Schreibe selbst in Geheimschrift.

18   41   60   38   27

3 a) 60 + 5 = ▢   b) 30 + 2 = ▢   c) 50 + ▢ = 57   d) ▢ + 6 = 56

   40 + 9 = ▢   90 + 3 = ▢   20 + ▢ = 26   ▢ + 4 = 94

   70 + 6 = ▢   50 + 4 = ▢   30 + ▢ = 39   ▢ + 8 = 88

   80 + 7 = ▢   20 + 9 = ▢   60 + ▢ = 64   ▢ + 5 = 75

   30 + 8 = ▢   40 + 7 = ▢   50 + ▢ = 58   ▢ + 7 = 67

   4 6 7 8 9 29 32 38 47 49 50 54 60 65 70 76 80 87 90 93

4 Ergänze zum nächsten Zehner.

   a) 55 + ▢ = 60   b) 73 + ▢ = 80   c) 56 + ▢ = ▢

   81 + ▢ = 90   32 + ▢ = ▢   44 + ▢ = ▢

   33 + ▢ = 40   67 + ▢ = ▢   82 + ▢ = ▢

   64 + ▢ = ▢   21 + ▢ = ▢   93 + ▢ = ▢

   55 + ▢ = ▢   66 + ▢ = ▢   62 + ▢ = ▢

5 a)

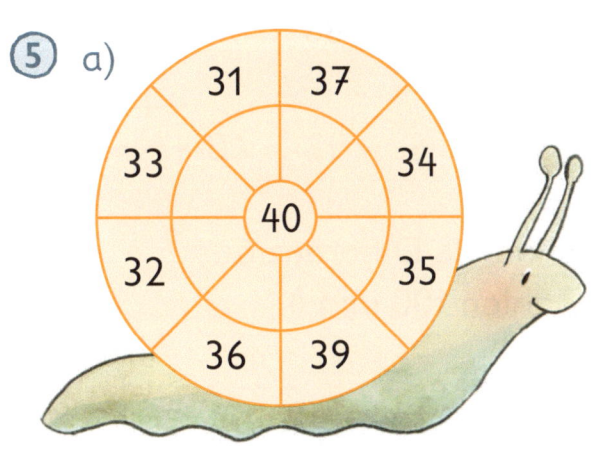

   b)

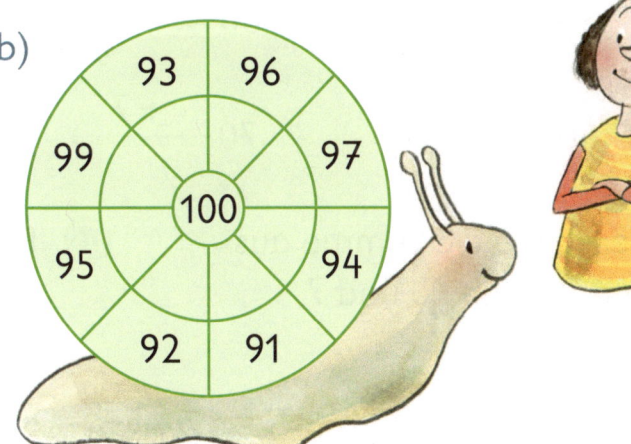

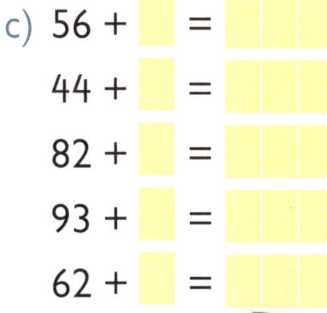

1 und 2: Zahlen der Darstellung zuordnen und umgekehrt   3: Addieren
4 und 5: Ergänzen zum nächsten Zehner
LB ⊙ 23–24   TÜ ⊙ 17–18

11

① a) 40 − 6 = ☐ **b)** 100 − 8 = ☐ **② ** 70 − ☐ = 66 **③ ** ☐ − 7 = 43

40 − 5 = ☐   50 − 1 = ☐   40 − ☐ = 33   ☐ − 5 = 15

40 − 4 = ☐   60 − 9 = ☐   80 − ☐ = 75   ☐ − 9 = 51

40 − 3 = ☐   90 − 6 = ☐   50 − ☐ = 44   ☐ − 2 = 28

40 − 2 = ☐   70 − 7 = ☐   30 − ☐ = 29   ☐ − 4 = 36

| 34 35 36 37 38 49 51 63 84 92 |

| 1 4 5 6 7 | | 20 30 40 50 60 |

④ Schreibe alle Zahlen als Differenz aus Zehner und Einer.

48 = 50 − 2

a) 37 = ☐ − ☐   **b)** 88 = ☐ − ☐   **c)** 52 = ☐ − ☐

84 = ☐ − ☐   61 = ☐ − ☐   94 = ☐ − ☐

43 = ☐ − ☐   77 = ☐ − ☐   69 = ☐ − ☐

16 = ☐ − ☐   32 = ☐ − ☐   75 = ☐ − ☐

⑤ Schreibe alle Zahlen als Summe aus Zehner und Einer.

64 = 60 + 4

a) 35 = ☐ + ☐   **b)** 29 = ☐ + ☐   **c)** 99 = ☐ + ☐

78 = ☐ + ☐   44 = ☐ + ☐   51 = ☐ + ☐

56 = ☐ + ☐   83 = ☐ + ☐   66 = ☐ + ☐

91 = ☐ + ☐   72 = ☐ + ☐   39 = ☐ + ☐

⑥

−	4	7		5
50			42	
60				
80				

⑦

−	9			
90		84		
70			62	
100				95

⑧ a) 30 —−9→ ☐   100 —−5→ ☐   90 —−☐→ 88   30 —−☐→ 27

b) 40 —+6→ ☐   70 —+7→ ☐   90 —+☐→ 92   60 —+☐→ 65

⑨ Berechne die Summe aus den Zahlen 60 und 7.

☐☐◯☐◯☐☐

⑩ Berechne die Differenz aus den Zahlen 100 und 4.

☐☐◯☐◯☐☐

1: Subtrahieren   2 und 3: Platzhalter bestimmen   4 und 5: Zahlen zerlegen
6 und 7: Tabellen ergänzen   8: Platzhalter bestimmen   9 und 10: Inhalte erfassen, Aufgabe bilden und lösen
LB ❯ 25   TÜ ❯ 17–18

① a) 55 + 3 = ▢▢   b) 34 + ▢ = 39

24 + 5 = ▢▢   76 + ▢ = 78

31 + 7 = ▢▢   92 + ▢ = 97

46 + 2 = ▢▢   63 + ▢ = 65

88 + 2 = ▢▢   90 + ▢ = 99

2 2 5 5 9 29 38 48 58 90

②

+3	
44	
62	
81	
36	
95	

+5	
73	
	27
34	
	88
61	

③

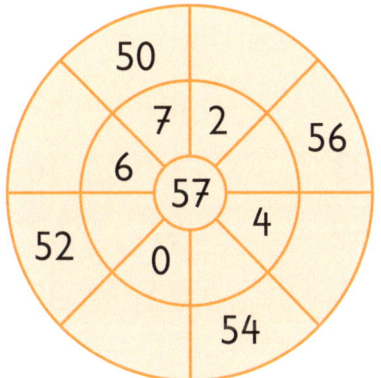

④

+	5	3	6	4
32				
54				
83				

35 36 37 38 57 58
59 60 86 87 88 89

⑤

+	3		2	
44	48			
62			67	
78				

4 5 46 47 49 64
65 66 75 77 79 80

⑥

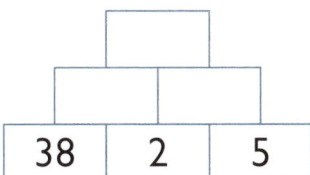

⑦

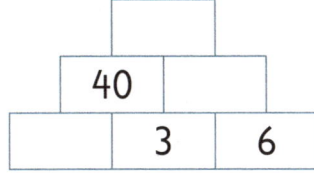

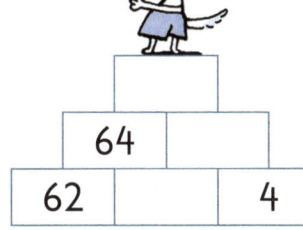

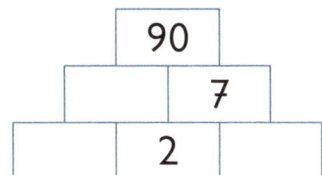

Subtrahieren einstelliger Zahlen von zweistelligen Zahlen

①
a) 47 – 6 = ▢
 93 – 2 = ▢
 64 – 3 = ▢
 59 – 8 = ▢
 78 – 4 = ▢

b) 83 – ▢ = 81
 77 – ▢ = 75
 36 – ▢ = 32
 45 – ▢ = 40
 59 – ▢ = 53

| 2 2 4 5 6 41 51 61 74 91 |

②

– 6	
58	
87	
69	
96	
78	

– 4	
29	
	43
34	
	84
76	

③

–	6	7	5	4
48				
79				
57				
98				

| 41 42 43 44 50 51 52 53 |
| 72 73 74 75 91 92 93 94 |

④ Setze das richtige Zeichen: < = >.

a) 23 + 5 ⬭ 57
 85 – 2 ⬭ 83
 61 + 7 ⬭ 69
 48 – 2 ⬭ 45

b) 60 ⬭ 51 + 7
 34 ⬭ 36 – 3
 47 ⬭ 42 + 5
 82 ⬭ 89 – 6

⑤ Bilde Aufgabenfamilien.

a)
b)
c)

⑥

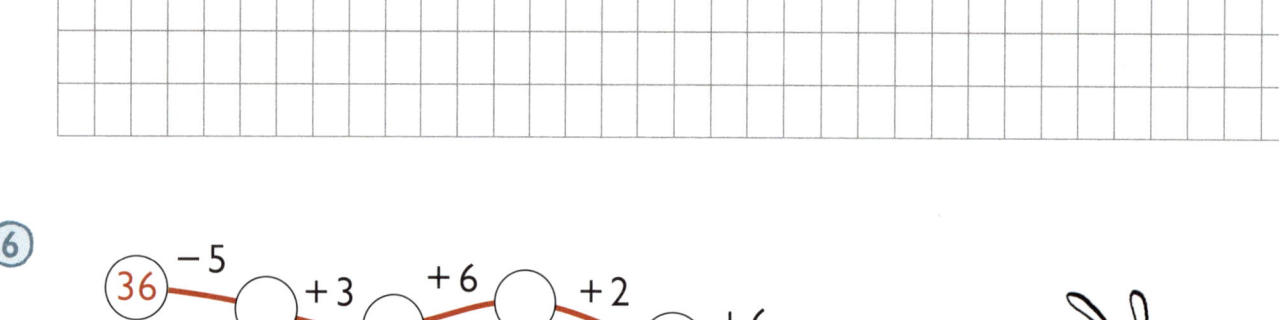

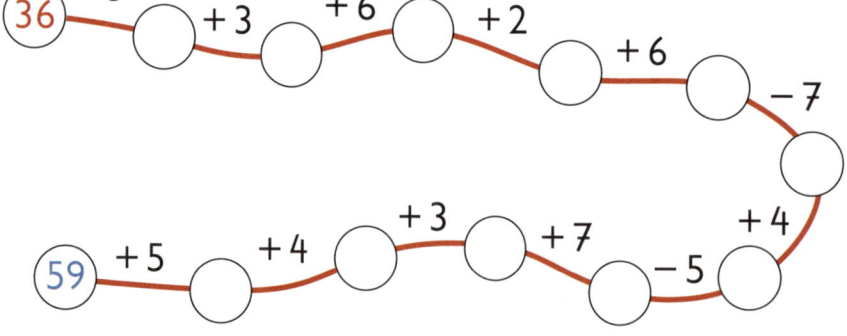

1 und 2: Subtrahieren   3: Tabelle ergänzen   4: Relationszeichen setzen
5: Aufgabenfamilien bilden   6: Kettenaufgabe lösen
LB ➦ 27–28   TÜ ➦ 20

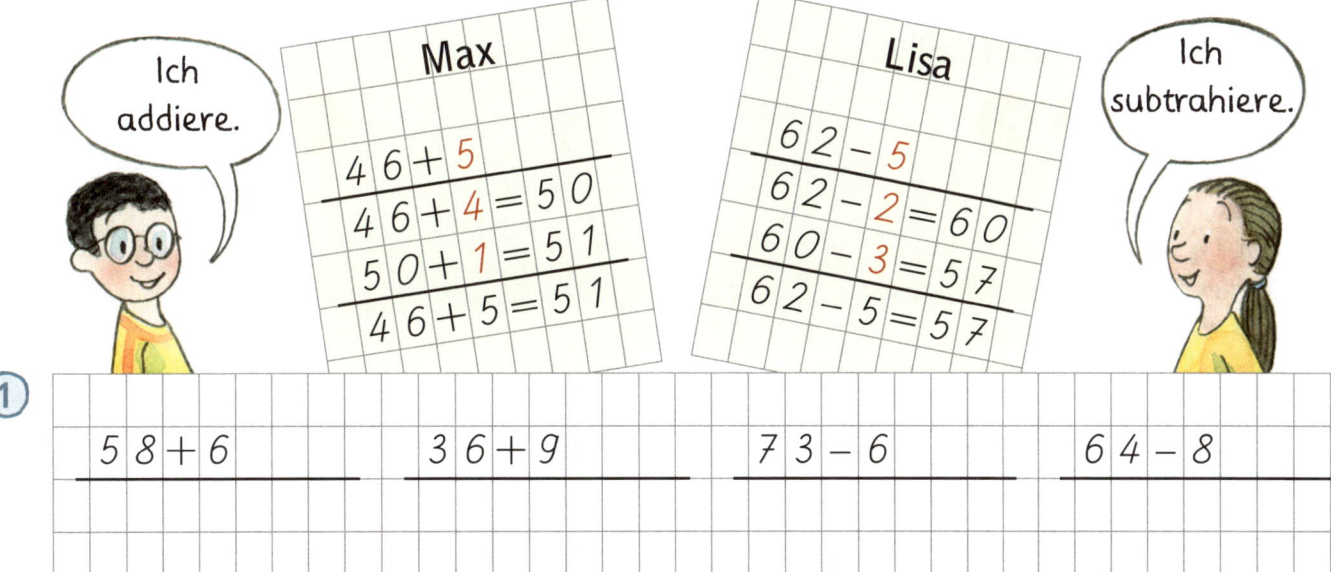

Max

46 + 5
46 + 4 = 50
50 + 1 = 51
46 + 5 = 51

Lisa

62 − 5
62 − 2 = 60
60 − 3 = 57
62 − 5 = 57

Ich addiere.

Ich subtrahiere.

①   5 8 + 6   3 6 + 9   7 3 − 6   6 4 − 8

② **Rechne. Verbinde die Punkte in der Reihenfolge der Lösungen.**

17 + 4 =

45 + 7 =

67 + 6 =

36 + 8 =

59 + 9 =

78 + 7 =

92 − 5 =

28 − 9 =

54 − 7 =

72 − 8 =

84 − 6 =

41 − 4 =

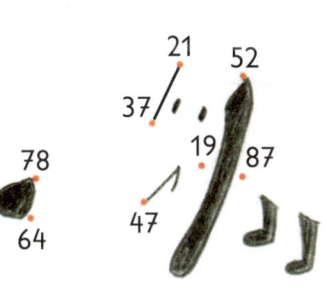

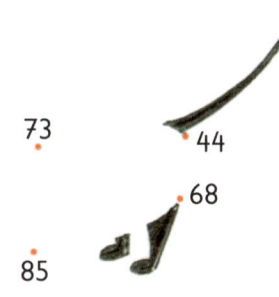

③

+5	
27	
69	
46	
87	
58	

+8	
55	
	41
27	
	94
69	

−7	
44	
	89
75	
	26
62	

−6	
92	
	39
43	
	25
84	

④   +5   −8   −3   +9   +7   +6   −8

36   44

① Bilde Aufgabenfamilien.

a) **76** **5** **81**   b) **8** **54** **62**   c) **7** **?** **47**

②

+	4	3	5	7
37				
56				
				55

③

−	2	4	7	
74				
52				
81				75

40 41 42 44 48 51
52 53 59 60 61 63

6 45 46 48 50 67
68 70 72 74 77 79

④

	33	7
	5	

	8	
47		3

		41
6	3	

⑤ Nutze Rechenvorteile.

a) $61 + 6 + 9 =$ ☐
$8 + 12 + 7 =$ ☐
$2 + 1 + 88 =$ ☐
$74 + 9 + 6 =$ ☐
$6 + 6 + 54 =$ ☐

b) $4 + 1 + 36 =$ ☐
$53 + 9 + 7 =$ ☐
$8 + 24 + 6 =$ ☐
$7 + 6 + 43 =$ ☐
$78 + 5 + 2 =$ ☐

c) $92 - 5 + 3 =$ ☐
$45 + 5 - 5 =$ ☐
$36 - 9 + 4 =$ ☐
$83 + 6 - 3 =$ ☐
$74 - 9 + 6 =$ ☐

⑥

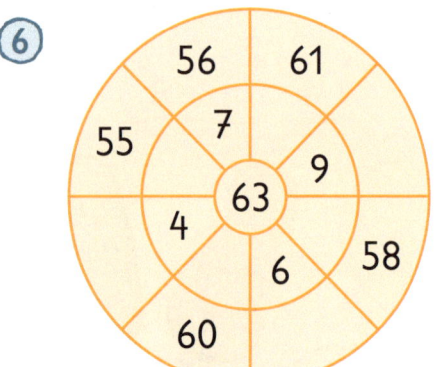
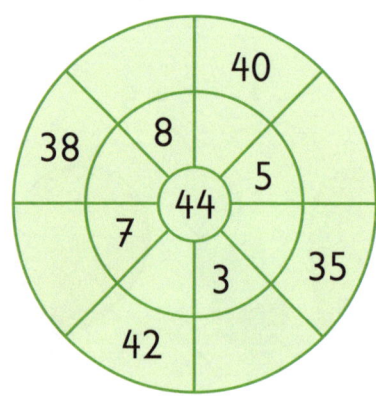
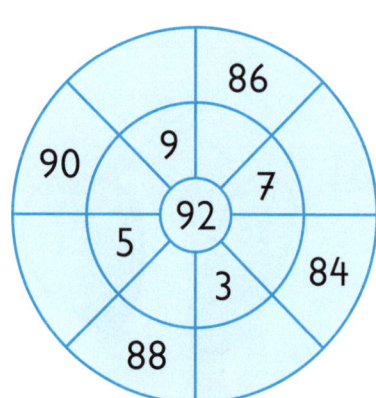

16

1: Aufgabenfamilien bilden   2 und 3: Tabellen ergänzen   4: Rechenmauern lösen
5: Rechenvorteile nutzen   6: Addieren im Rechenrad
LB ▶ 32–33   TÜ ▶ 22–23

① Finde Additions- und Subtraktionsaufgaben und schreibe sie auf.

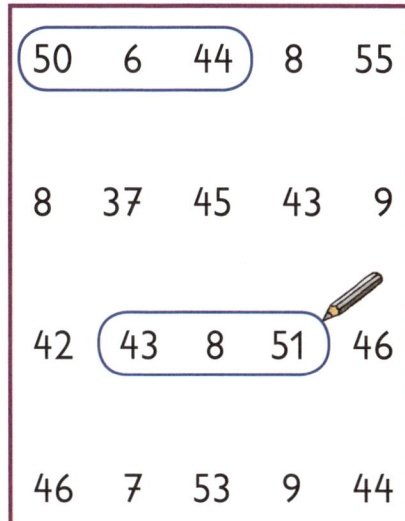

50	6	44	8	55
8	37	45	43	9
42	43	8	51	46
46	7	53	9	44

$4\ 3 + 8 = 5\ 1$ $5\ 0 - 6 = 4\ 4$

Es sind 10 Aufgaben.

② Setze die Zahlenfolgen fort.

3	11	19							
2	8	14							
72	68	64							

③ Wahr **w** oder falsch **f** ? Schreibe die richtige Lösung dahinter.

a) $45 + 7 = 52$ ◯ ▢
$66 + 9 = 74$ ◯ ▢
$78 + 5 = 82$ ◯ ▢
$35 + 6 = 41$ ◯ ▢
$87 + 7 = 95$ ◯ ▢

b) $82 - 4 = 78$ ◯ ▢
$34 - 8 = 28$ ◯ ▢
$93 - 5 = 87$ ◯ ▢
$45 - 9 = 36$ ◯ ▢
$71 - 3 = 67$ ◯ ▢

c) $39 + 8 = 48$ ◯ ▢
$94 - 5 = 89$ ◯ ▢
$58 + 6 = 62$ ◯ ▢
$81 - 7 = 74$ ◯ ▢
$43 + 9 = 52$ ◯ ▢

④ a) Addiere zur Zahl 67 die Zahl 8.

b) Subtrahiere von 56 die Zahl 7.

c) Berechne die Summe der Zahlen 89 und 9.

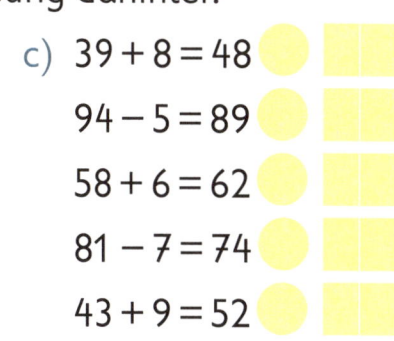

5 Subtrahiere von der Summe der Zahlen 35 und 6 die Zahl 3.

1: Additions- und Subtraktionsaufgaben finden und lösen   2: Zahlenfolgen fortsetzen
3: Lösungen auf wahr oder falsch prüfen und berichtigen   4 und 5: Inhalt erfassen, Aufgabe finden und lösen

17

LB ⊙ 32–33   TÜ ⊙ 24

① a) Wie viel Geld haben die Kinder?

Max 　⬚⬚ €　　Lisa 　⬚⬚ €　　BEN 　⬚⬚ €　　ANNA 　⬚⬚ €　　Tom 　⬚⬚ €

b) Welches Kind hat das meiste Geld? _____

Welches Kind hat das wenigste Geld? _____

Berechne die Differenz der Geldbeträge dieser beiden Kinder.

② Wie viel Geld ist es? Schreibe auf.
Wechsle in möglichst wenige Münzen um. Male.

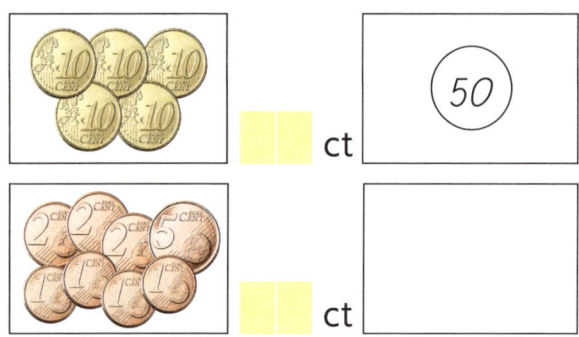

⬚⬚ ct　(50)

⬚⬚ ct

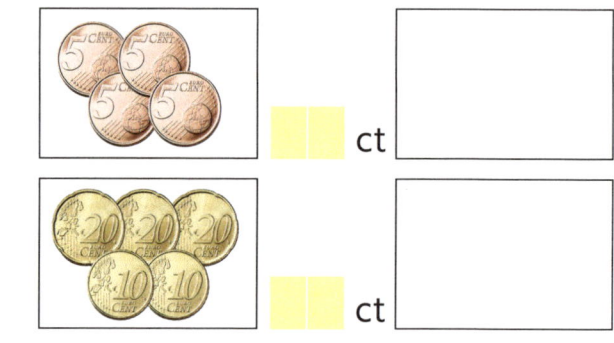

⬚⬚ ct

⬚⬚ ct

③ Rechne.

a) 26 € + 4 € = ⬚⬚ €　　　37 € + ⬚⬚ € = 42 €
　37 € + 5 € = ⬚⬚ €　　　28 € + ⬚⬚ € = 34 €
　89 € + 0 € = ⬚⬚ €　　　49 € + ⬚⬚ € = 53 €
　58 € + 6 € = ⬚⬚ €　　　50 € + ⬚⬚ € = 60 €

4 €	5 €
6 €	10 €
30 €	42 €
64 €	89 €

b) 80 ct − 5 ct = ⬚⬚ ct　　57 ct − ⬚⬚ ct = 50 ct
　75 ct − 9 ct = ⬚⬚ ct　　70 ct − ⬚⬚ ct = 62 ct
　82 ct − 2 ct = ⬚⬚ ct　　93 ct − ⬚⬚ ct = 84 ct
　53 ct − 4 ct = ⬚⬚ ct　　52 ct − ⬚⬚ ct = 48 ct

4 ct	7 ct
8 ct	9 ct
49 ct	66 ct
75 ct	80 ct

1: Geldbeträge zuordnen　2: Geldbeträge bestimmen und wechseln　3: Mit Geldbeträgen rechnen
LB ▶ 36　TÜ ▶ 26

① Ergänze zu 1 Euro. Male und rechne.

70 ct + ⬜ ct = 1 €   ⬜ ct + ⬜ ct = ⬜ €   ⬜ ct + ⬜ ct = ⬜ €

② Trage die neuen Preise ein.

Sonderangebot
Alles 8 € billiger

SPORT

25 €

23 €   42 €   48 €   34 €

③ Ben kauft sich ein T-Shirt und einen Ball.
Wie viel Geld muss er bezahlen?

④ Anna kauft sich Turnschuhe und eine Hose.
a) Wie viel muss sie bezahlen?

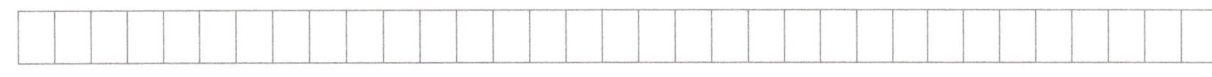

b) Wie viel hätte sie nach den alten Preisen bezahlen müssen?

c) Wie viel Geld hat Anna durch den Einkauf während
des Sonderangebotes gespart?

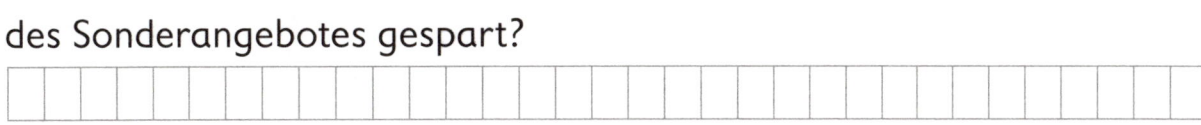

⑤ Tom bezahlt an der Kasse 106 Euro. Was hat er gekauft?

1: Geldbeträge zu 1 Euro ergänzen   2: Neue Preise errechnen und eintragen   3 bis 5: Inhalte erfassen, Aufgaben bilden und lösen
LB ▸ 37   TÜ ▸ 26

19

1 Welche Figuren erkennst du? Zähle.

Figur	Anzahl

2 a) Verbinde jeweils 3 Punkte so, dass Dreiecke entstehen.

G
×

E
×

×
F

×   × ×   ×
A   B C   D

b) Verbinde jeweils 4 Punkte so, dass Vierecke entstehen.

H   G
×   ×

F   E
×   ×

×   ×
C   D

×   ×
A   B

c) Ergänze die Anzahl der Eckpunkte und Seiten.

	Dreieck	Viereck
Eckpunkte		
Seiten		

3 Zeichne das Dreieck ABC.
Miss die Länge der Seiten.
Male die Dreiecksfläche an.

×
C

×
A

× B

Seite	$\overline{AB}$	$\overline{BC}$	
Länge	3 cm		

4 Zeichne das Viereck DEFG.
Miss die Länge der Seiten.
Male die Vierecksfläche an.

G   F
×   ×

D   E
×   ×

Seite	$\overline{DE}$	$\overline{EF}$	
Länge	7 cm		

1: Erkennen von Dreiecken, Vierecken und Kreisen, Bestimmen der Anzahl
2 bis 4: Zeichnen von Dreiecken und Vierecken

LB ▸ 42   TÜ ▸ 27

1 Max hat mit Stäbchen einzelne Dreiecke gelegt. Wie viele Stäbchen benötigst du, um ein Dreieck zu legen. Vervollständige die Tabelle.

Anzahl der Dreiecke	1	2	3	4	5	6
Anzahl der Stäbchen						

2 Anna legt mit 5 Stäbchen 2 Dreiecke. Findest du heraus, wie Anna gelegt hat? Zeichne auf.

3 Wie viele Dreiecke findest du? Zeichne die Dreiecke nach.

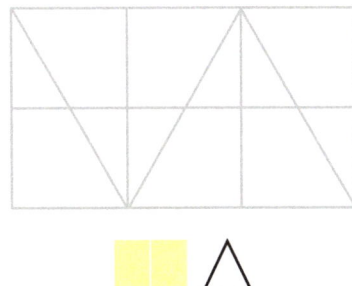

4 Wie viele Vierecke findest du? Zeichne die Vierecke nach.

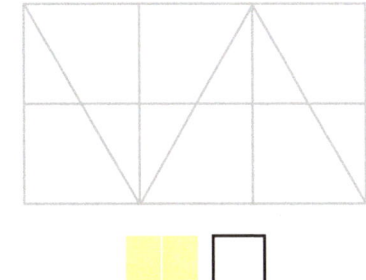

Tipp!
Beginne mit der kleinsten oder mit der größten Figur.

5 Immer zwei Figuren gehören zusammen, damit ein Dreieck oder ein Viereck entsteht.
Färbe die zusammengehörenden Teile mit gleichen Farben.

Dreiecke

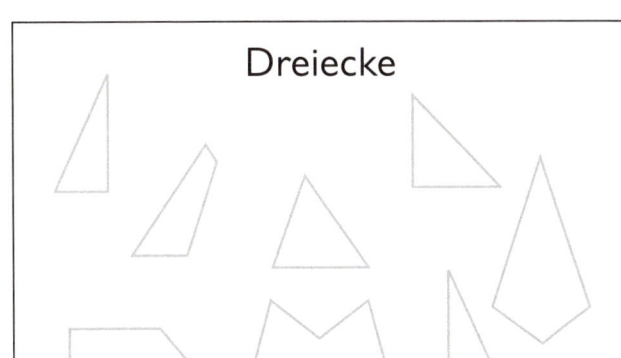

Vierecke

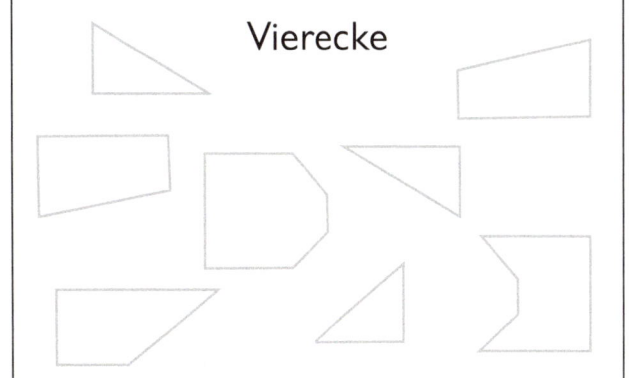

1: Anzahl bestimmen 2: Legen und Zeichnen 3 und 4: Erkennen von Dreiecken und Vierecken
5: Zusammenfügen von zwei Teilen zum Dreieck bzw. Viereck
LB ● 43 TÜ ● 27

21

Rechtecke und Quadrate

① **a)** Verbinde jeweils 4 Punkte so, dass Rechtecke entstehen.

M ✕   L K I ✕   H ✕
✕   ✕ ✕

✕ ✕F
G
✕   ✕ ✕ ✕   ✕
A   B C D   E

b) Verbinde jeweils 4 Punkte so, dass Quadrate entstehen.

M ✕   L ✕
G ✕   H ✕   K ✕   I ✕
✕ ✕
F E
✕   ✕   ✕ ✕
A   B   C D

② Zeichne die Figuren fertig, so dass
   a) Rechtecke entstehen,   **b)** Quadrate entstehen.

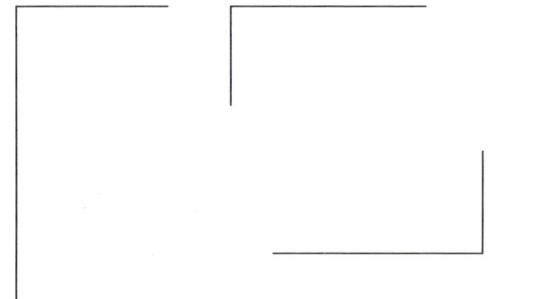

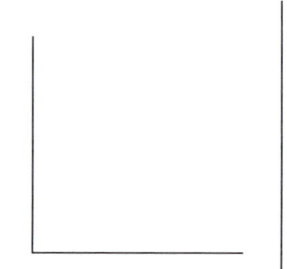

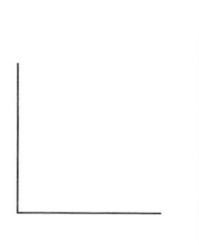

③ Ergänze die Figuren.
   a) Zeichne die Rechtecke ABCD und EFGH.

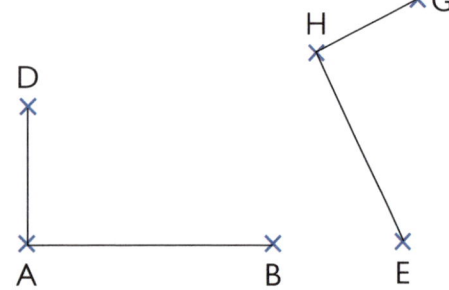

   b) Zeichne die Quadrate IKML und NOPR.

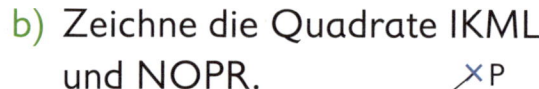

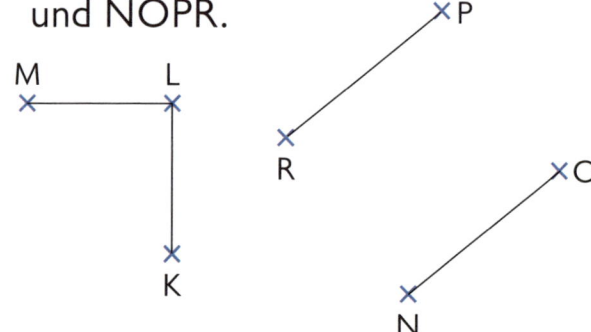

④ Wie viele Quadrate benötigst du, um jede Figur auszulegen? Zeichne sie ein.

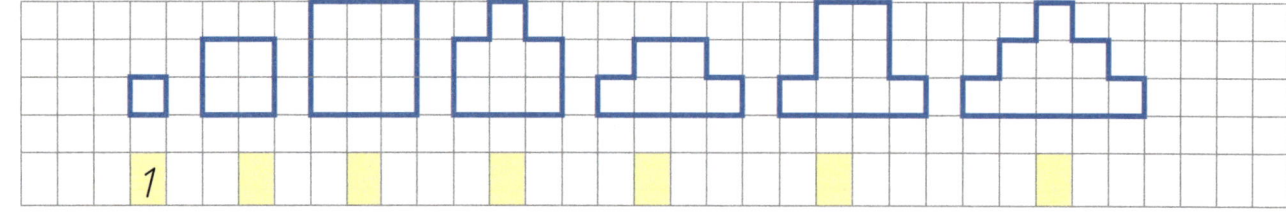

1

1 bis 3: Zeichnen von Rechtecken und Quadraten
4: Anzahl der notwendigen Quadrate bestimmen
LB ⊙ 44–45   TÜ ⊙ 28

Zeichne die Muster weiter.

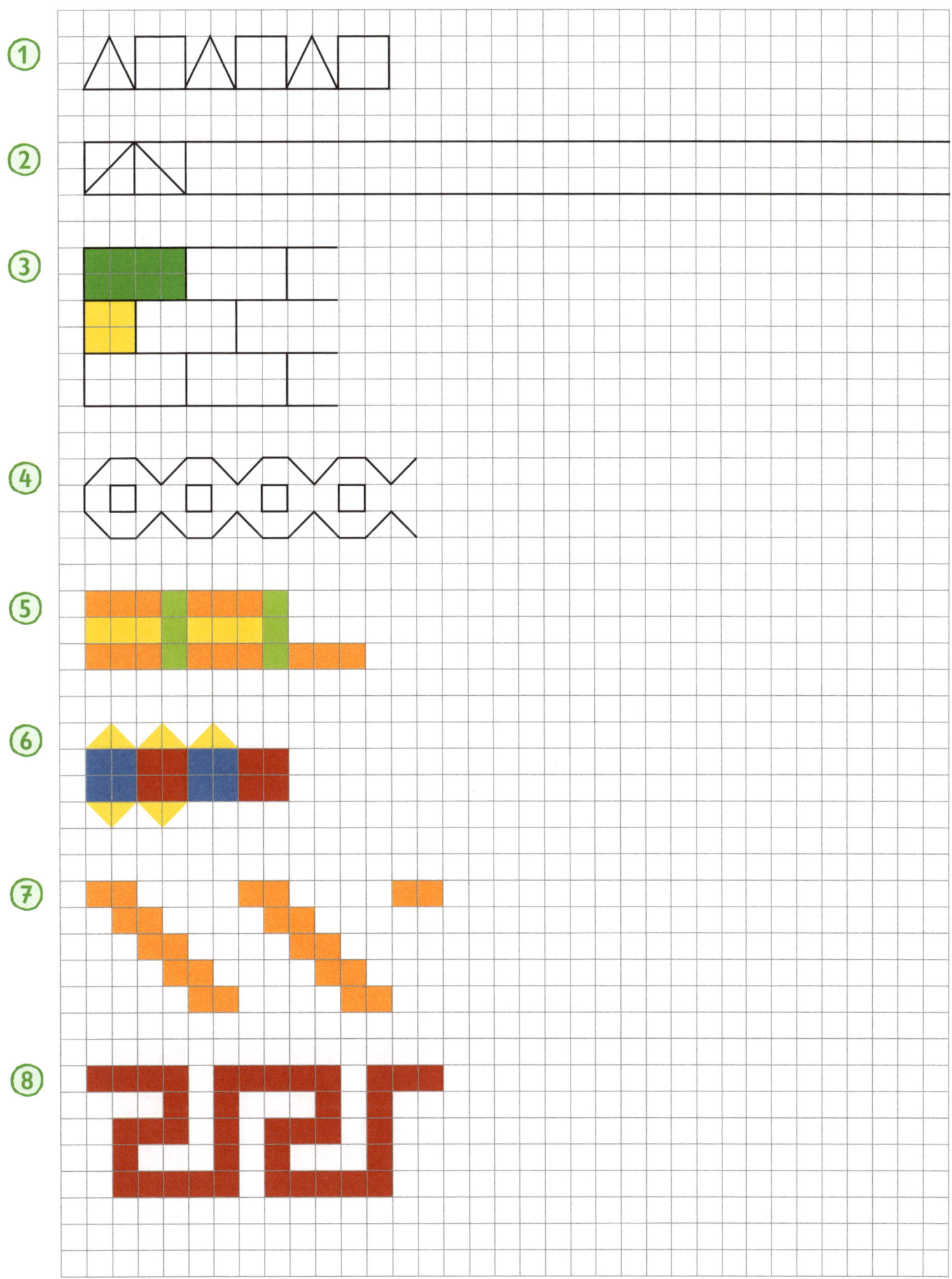

① Schätze zuerst. Miss genau nach.

	geschätzt	gemessen	Differenz zwischen geschätzt und gemessen
Höhe der Schulbank	▮▮ cm	▮▮ cm	▮▮ cm − ▮▮ cm = ▮▮ cm
Höhe des Stuhlsitzes			
Länge der Federtasche			
Breite der Federtasche			
Länge der Schultasche			
Breite der Schultasche			
Dicke der Schultasche			

② Schätze und miss die Länge von Strecken an der Kirche.
Trage die Ergebnisse in die Tabelle ein.
Beurteile, ob du gut geschätzt hast.

Strecke	geschätzt	gemessen	
$\overline{AB}$	▮ cm	▮ cm ▮ mm =	▮▮ mm
$\overline{BC}$	▮ cm	▮ cm ▮ mm =	▮▮ mm

③ Verändere die Streckenlängen.

a) Verdopple.

A ———————— B

b) Verlängere um 2 cm.

E ———————————————— F

c) Halbiere.

C ———————————————— D

	alte Länge	neue Länge
a)		
b)		
c)		

1 und 2: Schätzen und Messen   3: Strecken messen und nach Vorgabe verändern,
Längen in die Tabelle eintragen
LB ▸ 47–48   TÜ ▸ 29

1 a) Trage die Strecken auf den Geraden ab.

$\overline{AB}$ = 6 cm $\overline{CD}$ = 65 mm

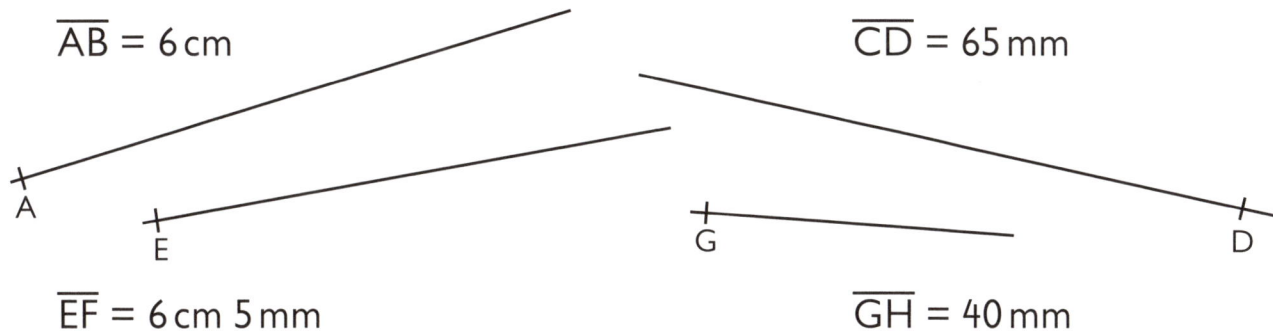

$\overline{EF}$ = 6 cm 5 mm $\overline{GH}$ = 40 mm

b) Vergleiche die Länge der Strecken.

$\overline{AB}$ ist _____ $\overline{CD}$. $\overline{AB}$ ist _____ $\overline{GH}$.

$\overline{CD}$ ist _____ $\overline{EF}$. $\overline{GH}$ ist _____ $\overline{CD}$.

2 Zeichne die Strecken.

$\overline{AB}$ = 5 cm

$\overline{CD}$ = 72 mm

$\overline{EF}$ = 8 cm 5 mm

3 Welches Auto fährt die längste Strecke? Schätze zuerst.

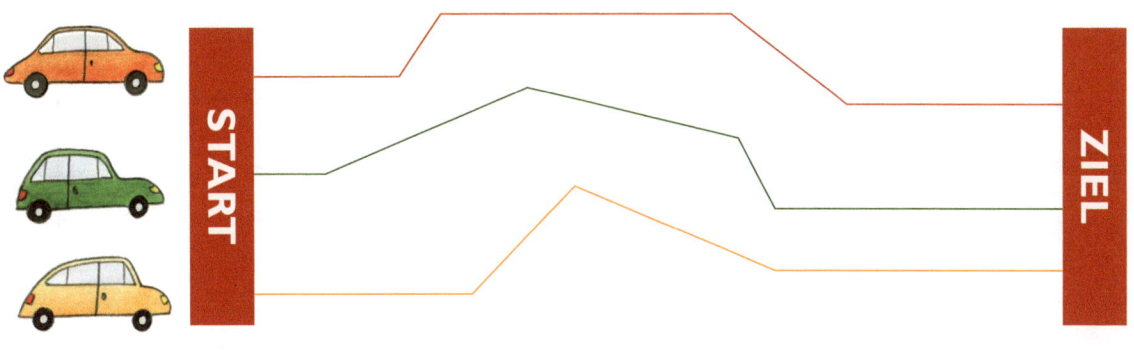

Auto			
Strecke	___ cm = ____ mm	___ cm = ____ mm	___ cm = ____ mm

4 Ordne die Längenangaben. 6 cm, 4 cm, 30 mm, 8 cm, 83 mm, 4 mm

4 mm																	

① Zeichne und rechne.

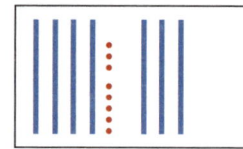

48 + 30 = ▢

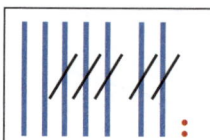

72 − 50 = ▢

23 + 50 = ▢

84 − 30 = ▢

14 + 60 = ▢

93 − 40 = ▢

② Schreibe auf, wie du rechnest.

 36 + 50   83 − 30   45 − 20

    3 6 + 5 0

③ a) 26 + 20 = ▢   b) 49 + 40 = ▢

   44 + 30 = ▢   26 + 50 = ▢

   12 + 70 = ▢   31 + 60 = ▢

   31 + 60 = ▢   77 + 20 = ▢

   22 + 50 = ▢   53 + 30 = ▢

④ 20 + 61 = ▢

   30 + 47 = ▢

   10 + 56 = ▢

   50 + 27 = ▢

   40 + 41 = ▢

▢

66 77
77 81
81

⑤ a) 66 − 40 = ▢   b) 83 − 40 = ▢

   82 − 50 = ▢   91 − 50 = ▢

   33 − 20 = ▢   78 − 60 = ▢

   49 − 30 = ▢   29 − 20 = ▢

   51 − 20 = ▢   61 − 30 = ▢

⑥ 70 − 54 = ▢

   90 − 63 = ▢

   50 − 28 = ▢

   100 − 12 = ▢

   70 − 33 = ▢

△

16 22
27 37
88

1: Zeichnen und Rechnen   2: Ausführlichen Rechenweg notieren
3 bis 6: Additions- und Subtraktionsaufgaben lösen
LB ▶ 50−51   TÜ ▶ 30

① Zeichne und rechne.

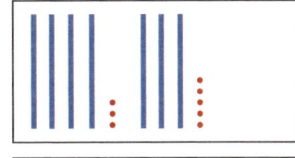   43 + 35 = ☐☐

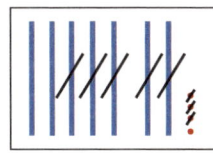   74 − 53 = ☐☐

36 + 43 = ☐☐

82 − 41 = ☐☐

16 + 62 = ☐☐

95 − 63 = ☐☐

② Schreibe auf, wie du rechnest.

	2	6	+	5	3													

Rechne, wie du möchtest.

③ 26 + 43 = ☐☐   ④ 72 − 40 = ☐☐   ⑤ 36 + 54 = ☐☐

54 + 32 = ☐☐   23 + 54 = ☐☐   92 − 42 = ☐☐

72 − 51 = ☐☐   31 + 46 = ☐☐   80 − 23 = ☐☐

84 − 32 = ☐☐   83 − 52 = ☐☐   41 + 19 = ☐☐

95 − 62 = ☐☐   97 − 36 = ☐☐   16 + 24 = ☐☐

Rechne. Was stellst du fest?

⑥ a) 23 + 31 = ☐☐   b) 88 − 66 = ☐☐   ⑦ 36 + 42 = ☐☐   ☐

23 + 32 = ☐☐   87 − 65 = ☐☐   89 − 57 = ☐☐   30 32

23 + 33 = ☐☐   86 − 64 = ☐☐   71 + 23 = ☐☐   50 78

☐☐ + ☐☐ = ☐☐   ☐☐ − ☐☐ = ☐☐   25 + 25 = ☐☐   94

☐☐ + ☐☐ = ☐☐   ☐☐ − ☐☐ = ☐☐   99 − 69 = ☐☐

⑧ Berechne die Summe aus 36 und 43.   ☐☐☐☐☐☐☐☐☐☐

1: Zeichnen und Rechnen   2: Eigenen Rechenweg notieren   3 bis 5: Addieren und Subtrahieren
6: Päckchen ergänzen   8: Gleichung notieren
LB ● 52–53   TÜ ● 31–33

27

1 Rechne und ordne zu.

| 21 + 36 | 78 − 21 | 78 − 33 | 12 + 33 | 70 − 13 | 88 − 65 |

| 55 − 32 | **23** | **45** | **57** | **66** | 98 − 32 |

| 11 + 12 | 74 − 51 | 34 + 23 | 99 − 42 | 32 + 13 | 99 − 33 |

2

+	64	52	25	
23			64	
35				89

41 48 54 60 75 76 77 87 87 99

3

−	63	54	36	
97			52	
68				43

5 14 23 25 32 34 43 45 61 72

4 Addiere immer 15.

5, 20, ☐☐, ☐☐, ☐☐, ☐☐, 95

5 Subtrahiere immer 14.

90, 76, ☐☐, ☐☐, ☐☐, ☐☐, 6

6 Löse und prüfe mit der Umkehraufgabe.

36 + 23 = ☐☐ 66 + 32 = ☐☐ 21 + 57 = ☐☐
59 − ☐☐ = ☐☐ ☐☐ − ☐☐ = ☐☐ ☐☐ − ☐☐ = ☐☐

53 − 31 = ☐☐ 76 − 43 = ☐☐ 98 − 62 = ☐☐
22 + 31 = ☐☐ ☐☐ + ☐☐ = ☐☐ ☐☐ + ☐☐ = ☐☐

7 Wie viel kostet alles zusammen?

3 € 12 € 2 €

12 € + ☐ € + ☐ € = ☐☐ €

Antwort: _____

8 Wie viel Euro bekommt Max zurück?

11 € 2 €

☐☐ € − ☐☐ € − ☐ € = ☐ €

Antwort: _____

1: Aufgaben lösen und zuordnen   2 und 3: Tabellen lösen   4 und 5: Zahlenfolgen ergänzen
6: Aufgabe und Umkehraufgabe lösen   7 und 8: Gleichungen zu den Sachverhalten notieren und Antwortsatz aufschreiben.
LB ▶ 54–55   TÜ ▶ 31–33

1 Welche Körper erkennst du? Schreibe die Zahlen auf.

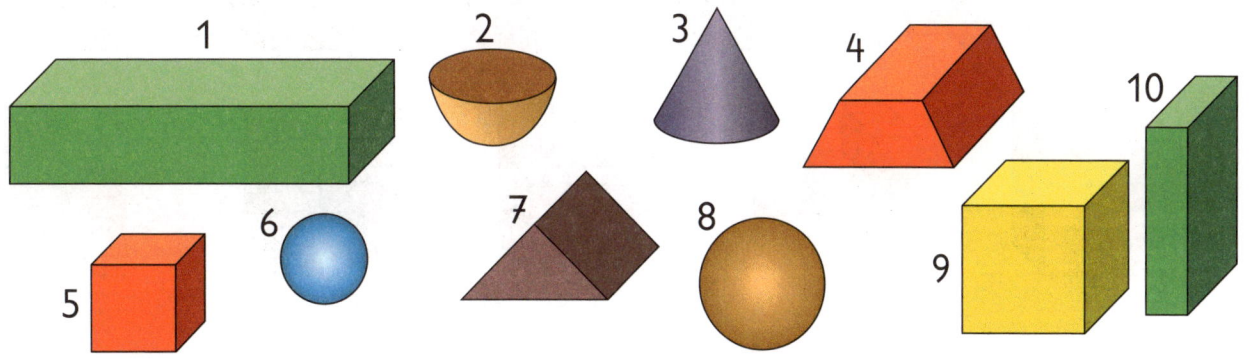

Quader: _____   Würfel: _____   Kugel: _____

2 Welche Flächen gehören zu den Körpern?

Körper   **Flächen**

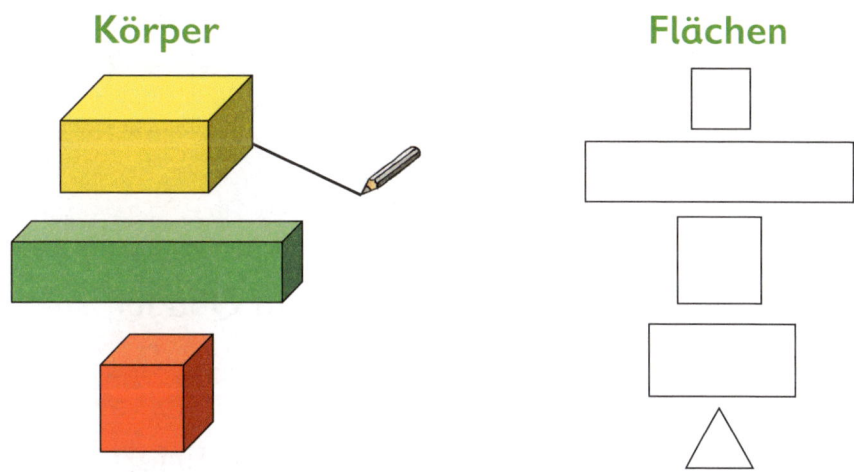

3 Schau dir einen Quader und einen Würfel genau an. Ergänze.

Ein Quader hat ☐ Flächen, ☐ Ecken und ☐☐ Kanten.

Ein Würfel hat ☐ Flächen, ☐ Ecken und ☐☐ Kanten.

Die Begrenzungsflächen des Würfels sind _____.

4 Ist ein Würfel auch ein Quader?
Begründe mit Hilfe der Begriffe: „Flächen", „Ecken" und „Kanten".

_____

_____

1: Wiedererkennen der Körper   2: Zuordnen der Flächen
3 und 4: Bestimmen der Anzahl von Flächen, Ecken und Kanten
LB ▸ 56   TÜ ▸ 34

29

①

A   B   C   D   E   F

G   H   I   J   K

a) Wie viele Würfel sind es?
Du kannst die Würfelbauten nachbauen.

	A	B	C	D	E	F	G	H	I	J	K
geschätzt											
gezählt oder gerechnet											

b) Welcher Würfelbau ist ein Quader? _____

c) Welche Würfelbauten kannst du zu einem Quader
zusammensetzen? _____ und _____

d) Welche Würfelbauten kannst du zu einem Würfel
zusammensetzen? _____ und _____

② Welcher Bauplan passt zu welchem Würfelbau?

3	1	3
2	1	2

1	2	3
1	2	3

2	3	2
2	2	2

3	3	3
	2	2

1: Feststellen der Anzahl, Erkennen von Quader und Würfel
2: Zuordnen von Bauplänen
LB ⊙ 57

① Zeichne und rechne.

23 + 28 = ▮▮   34 + 37 = ▮▮   26 + 27 = ▮▮   35 + 58 = ▮▮

② Schreibe auf, wie du rechnest.

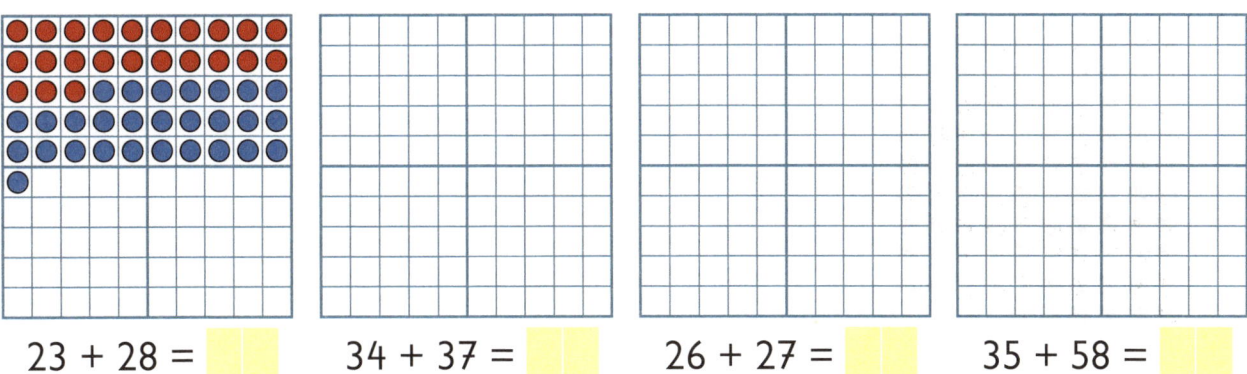

44 + 28   55 + 27   28 + 35

4	4	+	2	8										

Rechne.

③ a) 33 + 28 = ▮▮   b) 54 + 28 = ▮▮

   44 + 37 = ▮▮   36 + 49 = ▮▮

   28 + 35 = ▮▮   22 + 69 = ▮▮

   67 + 26 = ▮▮   47 + 25 = ▮▮

   78 + 16 = ▮▮   35 + 37 = ▮▮

61 63 72 72 81 82 85 91 93 94

④

+	55	29	37	
26				85
38			81	
17				

⑤ Wahr w oder falsch f ?

a) Die Hälfte von 72
   ist kleiner als 40.   w f

b) Die Summe von
   36 und 37 ist 75.   w f

c) 83 ist größer als das
   Doppelte von 41.   w f

d) Das Doppelte
   von 47 ist 95.   w f

⑥ Die Summanden heißen 26 und 49.
   Berechne die Summe. ▮▮▮▮▮▮▮▮

1: Zeichnen und Rechnen   2: Eigenen Rechenweg notieren   3 und 4: Aufgaben/Tabelle lösen
5: Wahrheitsgehalt prüfen   6: Gleichung aufschreiben
LB ○ 58–59   TÜ ○ 35

31

① Zeichne und rechne.

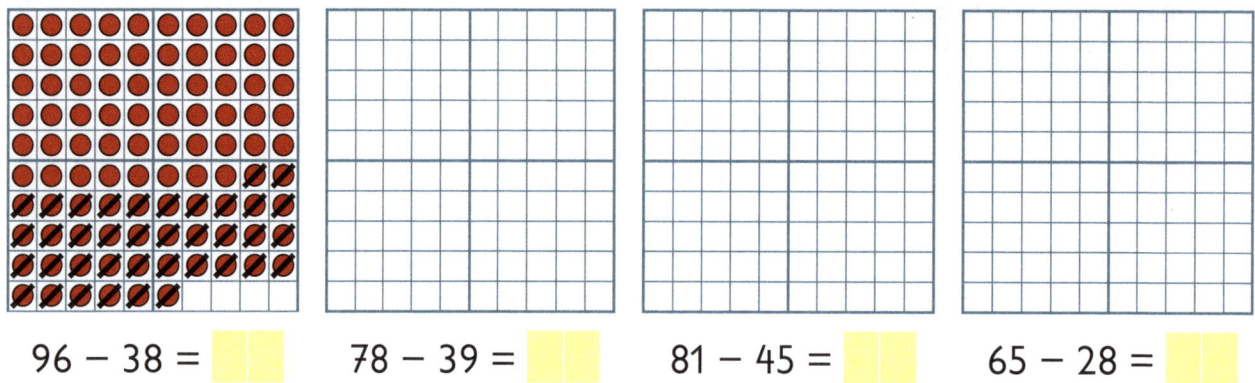

96 − 38 = ☐☐   78 − 39 = ☐☐   81 − 45 = ☐☐   65 − 28 = ☐☐

LB ▸ 60–61 TÜ ▸ 36

② Schreibe auf, wie du rechnest.

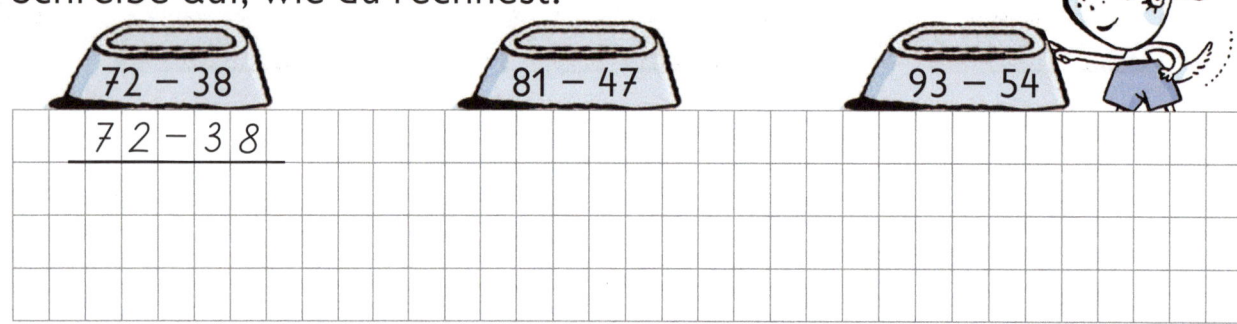

72 − 38   81 − 47   93 − 54

7 2 − 3 8

Rechne.

③ a) 84 − 47 = ☐☐   b) 93 − 56 = ☐☐
76 − 27 = ☐☐   46 − 28 = ☐☐
97 − 28 = ☐☐   91 − 53 = ☐☐
55 − 36 = ☐☐   75 − 38 = ☐☐
44 − 18 = ☐☐   63 − 17 = ☐☐

④

−	25	48	54	
93				26
72			36	

⑤ a) 36 cm − 17 cm = ☐☐ cm   b) 44 m − 28 m = ☐☐ m
68 cm − 29 cm = ☐☐ cm   83 m − 46 m = ☐☐ m
72 cm − 25 cm = ☐☐ cm   78 m − 29 m = ☐☐ m
55 cm − 17 cm = ☐☐ cm   61 m − 35 m = ☐☐ m
52 cm − 46 cm = ☐☐ cm   54 m − 27 m = ☐☐ m

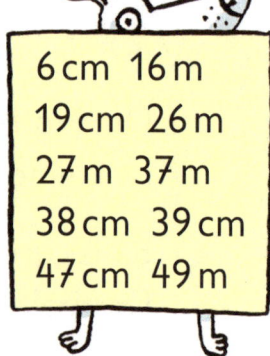

6 cm   16 m
19 cm   26 m
27 m   37 m
38 cm   39 cm
47 cm   49 m

⑥ Der Minuend beträgt 83 und der Subtrahend 36.
Berechne die Differenz. ☐☐☐☐☐☐☐☐☐☐

1: Zeichnen und Rechnen   2: Eigenen Rechenweg notieren
3 bis 5: Aufgaben/Tabelle lösen   6: Gleichung aufschreiben.
LB ▸ 60–61 TÜ ▸ 36

1 Immer drei Aufgaben haben das gleiche Ergebnis.
Färbe sie mit der gleichen Farbe.

| 93 – 58 | 36 + 25 | 29 + 35 | 83 – 19 | 81 – 43 |

| 22 + 16 | 17 + 18 | 92 – 31 | 72 – 37 | 44 + 17 | 75 – 37 |

| 87 – 28 | 19 + 40 | 91 – 27 | 83 – 24 |

Rechne vorteilhaft.

2 a) 38 + 29 =
57 + 39 =
26 + 49 =
17 + 59 =
45 + 19 =

b) 76 – 59 =
83 – 49 =
54 – 19 =
97 – 39 =
61 – 29 =

 36 + 29 + 31 =
44 + 25 + 16 =
21 + 35 + 29 =
15 + 25 + 38 =
18 + 33 + 17 =

4

| 23 | 16 | 12 |

5

| 96 |

| 33 | 21 |

 6

| 85 |

7 Setze das richtige Zeichen: < = > .

a) 24 + 38 ○ 62
75 – 36 ○ 37
36 + 48 ○ 94
81 – 27 ○ 57
23 + 38 ○ 49

b) 76 ○ 25 + 53
45 ○ 92 – 57
51 ○ 87 – 36
68 ○ 21 + 47
26 ○ 63 – 26

c) 44 + 27 ○ 47 + 24
91 – 36 ○ 83 – 26
34 + 37 ○ 71 – 12
29 + 43 ○ 88 – 16
82 – 52 ○ 12 + 17

8 Bilde Aufgabenfamilien.

a) **28** **47** **?**   b) **43** **?** **38**   c) **?** **56** **29**

1: Aufgaben mit gleichem Ergebnis ermitteln und kennzeichnen   2 und 3: Addieren und Subtrahieren
4 bis 6: Rechenmauern lösen   7: Relationszeichen setzen   8: Aufgabenfamilien bilden
LB◉62–63 TÜ◉37

33

1

a) Wie sehen die beiden Beete aus, wenn alle Blumen eingepflanzt sind?

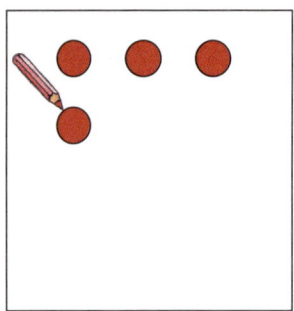 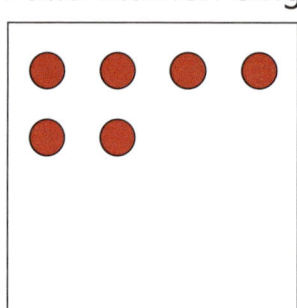

b) Schreibe und löse für jedes Beet die Aufgabe mit ➕ und mit ·.

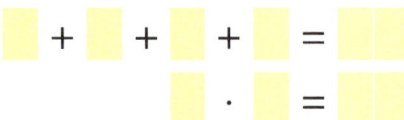

$$\square + \square + \square + \square = \square\square \qquad \square + \square + \square = \square\square$$
$$\square \cdot \square = \square\square \qquad \square \cdot \square = \square\square$$

2 Bilde zu jedem Bild Aufgaben mit ➕ und mit ·.
Es gibt immer zwei Möglichkeiten. Schreibe sie auf.

a)    b)    c)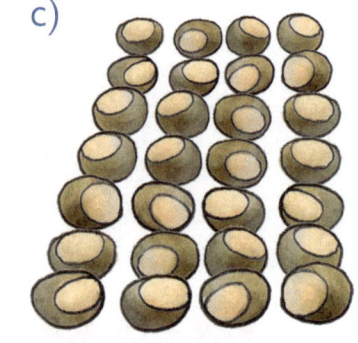

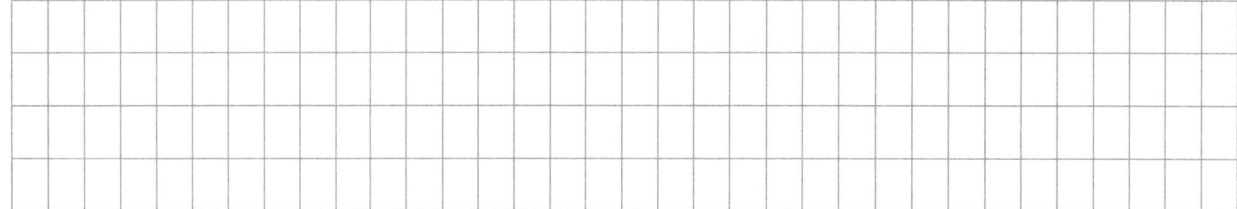

1: Sachsituation erfassen und Punktbild erstellen, Aufgabe bilden und lösen, Vertauschbarkeit der Faktoren erkennen
2: Aufgaben finden, beide Möglichkeiten erkennen
LB ⟳ 68–69   TÜ ⟳ 39

① Schreibe zu jedem Punktbild zwei Aufgaben mit ⋅ .
Löse sie.

a) 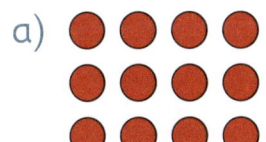   b) 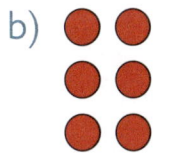   c) 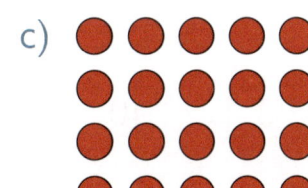   d)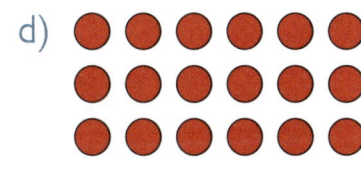

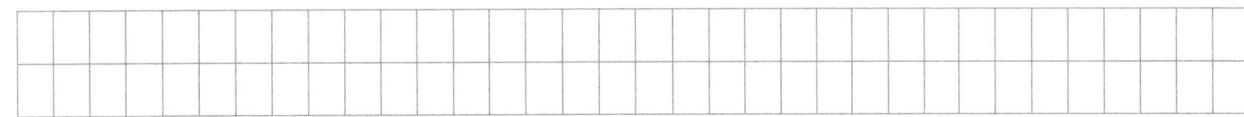

② Zeichne die richtige Anzahl von Punkten zu den Aufgaben.

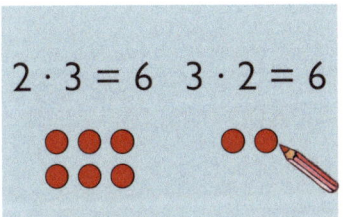

2 · 3 = 6   3 · 2 = 6

a) 4 · 2 = ☐   2 · 4 = ☐   b) 4 · 3 = ☐☐   3 · 4 = ☐☐

③ Schreibe unter jede Aufgabe die passende Aufgabe mit + .
Löse die Aufgaben.

2 · 4 = 8
4 + 4 = 8

a) 3 · 5 = ☐☐   b) 4 · 3 = ☐☐   c) 2 · 6 = ☐☐

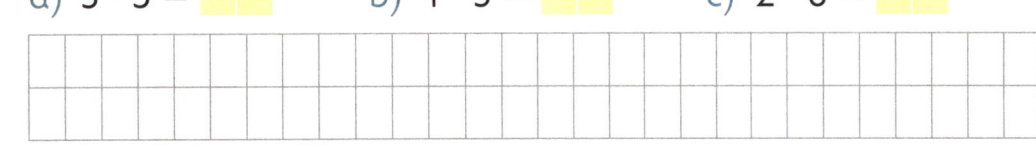

④ Anna und Max haben Apfelsinen gekauft. Wer hat mehr gekauft?
Schreibe zu jedem Einkauf die passende Aufgabe mit ⋅ und löse sie.

Anna: 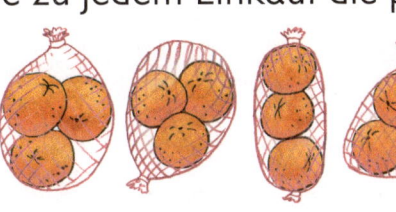   Max:

Antwort: _____

1: Zu den Punktbildern Aufgabe und Tauschaufgabe finden und lösen   2: Anzahl der Punkte entsprechend der Aufgabe anordnen und berechnen
3: Additionsaufgabe finden und lösen   4: Sachverhalt erfassen, Aufgaben finden und lösen, Antwort schreiben
LB ❍ 70–71   TÜ ❍ 40–41

35

Multiplizieren mit 2

① Was gehört zusammen? Verbinde.

| 2 · 7 | 16 | 5 · 2 | 8 | 6 · 2 | 2 · 9 | 20 | 0 · 2 |

| 12 | 18 | 2 · 8 | 10 · 2 | 10 | 0 | 14 | 2 · 4 |

②
3 · 2 = ☐
5 · 2 = ☐
9 · 2 = ☐
0 · 2 = ☐
10 · 2 = ☐

③
☐ · 2 = 14
☐ · 2 = 8
☐ · 2 = 12
☐ · 2 = 2
☐ · 2 = 16

④
8 = ☐ · 2
10 = ☐ · 2
12 = ☐ · 2
4 = ☐ · 2
18 = ☐ · 2

⑤
☐ · 2 = 18
2 · ☐ = 16
☐ · 2 = 6
2 · ☐ = 14
☐ · 2 = 4

⑥
6 —·2→ ☐
5 —·2→ ☐
3 —·2→ ☐
10 —·2→ ☐

⑦
☐ —·2→ 18
☐ —·2→ 8
☐ —·2→ 14
☐ —·2→ 16

⑧

·	7	3	0	10	6	5	8	2	4	1	9
2											

⑨ Immer zwei Aufgaben

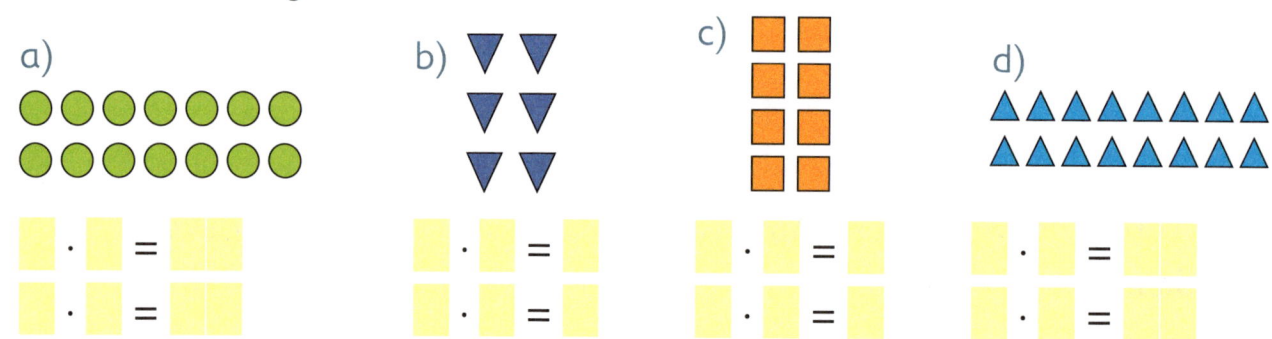

a)

☐ · ☐ = ☐
☐ · ☐ = ☐

b)

☐ · ☐ = ☐
☐ · ☐ = ☐

c)

☐ · ☐ = ☐
☐ · ☐ = ☐

d)

☐ · ☐ = ☐
☐ · ☐ = ☐

⑩ Ben hängt jedes Handtuch mit zwei Klammern auf.
Wie viele Klammern benötigt er für sechs Handtücher?

Aufgabe:

Antwort: _____

36

1: Zuordnen der Aufgabe zur Lösung   2 bis 8: Multiplizieren mit 2
9: Aufgabe und Tauschaufgabe zuordnen   10: Sachverhalt erfassen, Aufgabe bilden und lösen, Antwort schreiben
LB ▶ 72–73   TÜ ▶ 36

① Welche Aufgaben haben das gleiche Ergebnis?

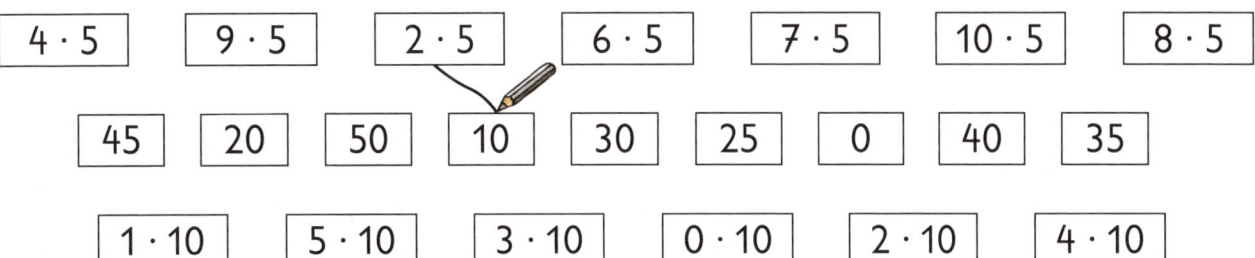

| 4 · 5 | 9 · 5 | 2 · 5 | 6 · 5 | 7 · 5 | 10 · 5 | 8 · 5 |

| 45 | 20 | 50 | 10 | 30 | 25 | 0 | 40 | 35 |

| 1 · 10 | 5 · 10 | 3 · 10 | 0 · 10 | 2 · 10 | 4 · 10 |

② 5 · 5 = ☐
9 · 5 = ☐
4 · 5 = ☐
6 · 5 = ☐
8 · 5 = ☐

③ 3 · 10 = ☐
6 · 10 = ☐
4 · 10 = ☐
8 · 10 = ☐
0 · 10 = ☐

④ ☐ · 10 = 70
☐ · 10 = 90
☐ · 10 = 50
☐ · 10 = 30
☐ · 10 = 10

⑤ ☐ · 5 = 50
☐ · 5 = 5
☐ · 5 = 35
☐ · 5 = 25
☐ · 5 = 0

⑥ a)

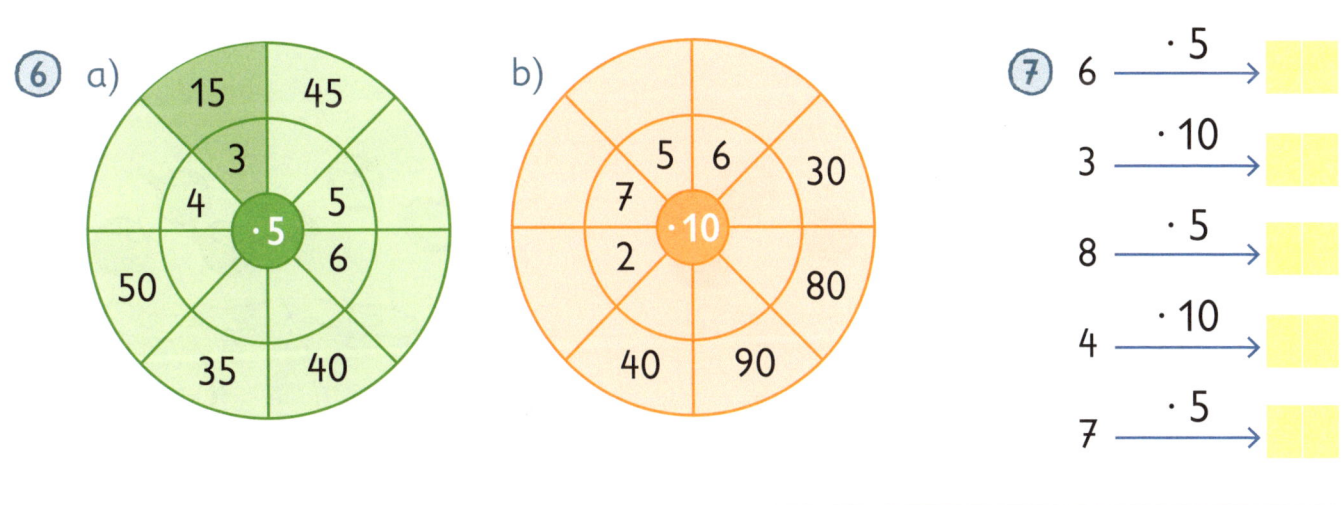

15   45
3
4   ·5   5
6
50
35   40

b)

5   6
7   ·10   30
2
80
40   90

⑦ 6 →·5→ ☐
3 →·10→ ☐
8 →·5→ ☐
4 →·10→ ☐
7 →·5→ ☐

⑧

·	2	5	0	7	3	9	10	8	6	1	4
5											
10											

[9] In Sprüngen am Zahlenstrahl von der 20 zur 50

20   30   40   50

a) Wie viele Zehnersprünge sind es?   ☐ Zehnersprünge

b) Wie viele Fünfersprünge sind es?   ☐ Fünfersprünge

c) Wie viele Zweiersprünge sind es?   ☐ Zweiersprünge

1: Aufgaben den Lösungen zuordnen   2 bis 8: Multiplizieren mit 5 oder 10
9: Anzahl der Sprünge am Zahlenstrahl ermitteln
LB ➤ 74–75   TÜ ➤ 43

37

Dividieren

1 a) Immer 3 Bonbons erhält ein Kind. Wie viele Kinder bekommen Bonbons?

☐☐ : ☐ = ☐

b) Immer 4 Äpfel sollen in eine Tüte. Wie viele Tüten werden benötigt?

☐☐ : ☐ = ☐

2 a) Verteile die Apfelsinen auf 3 Tüten. Wie viele Apfelsinen sind in einer Tüte?

☐☐ : ☐ = ☐

b) Verteile die Äpfel auf 4 Tüten. Wie viele Äpfel sind in einer Tüte?

☐☐ : ☐ = ☐

3 Teile auf. Es gibt immer zwei Möglichkeiten.

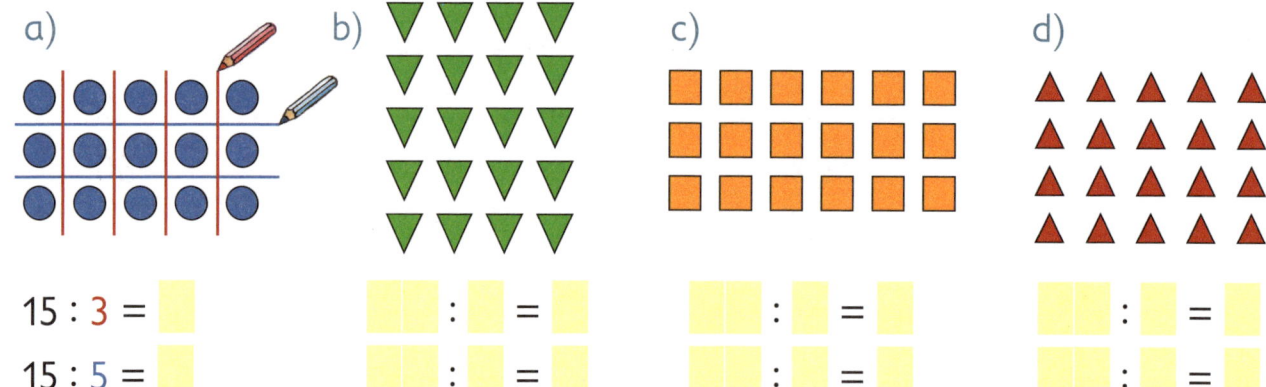

a)

15 : 3 = ☐

15 : 5 = ☐

b)

☐☐ : ☐ = ☐

☐☐ : ☐ = ☐

c)

☐☐ : ☐ = ☐

☐☐ : ☐ = ☐

d)

☐☐ : ☐ = ☐

☐☐ : ☐ = ☐

38

1: und 2: Aufteilen und Verteilen erfassen, als Aufgabe darstellen, Aufgaben lösen
3: Zwei Möglichkeiten des Aufteilens darstellen und dazu die Aufgaben finden, Aufgaben lösen

1 Teile auf und rechne. Überprüfe mit der Umkehraufgabe.

Immer 2: ●●|●|●|● ●|●●●● ●●●●● ●●●●● 20 : 2 = ☐☐ , denn ☐☐ · 2 = 20

Immer 5: ●●●●● ●●●●● ●●●●● ●●●●● 20 : ☐ = ☐ , denn ☐ · ☐ = ☐☐

Immer 4: ●●●● ●●●● ●●●● ●●●● ●●●● 20 : ☐ = ☐ , denn ☐ · ☐ = ☐☐

Immer 10: ●●●●● ●●●●● ●●●●● ●●●●● 20 : ☐☐ = ☐ , denn ☐ · ☐☐ = 20

2
a) · 5
5 ⇄ ☐☐
: 5

b) · 2
6 ⇄ ☐☐
: 2

c) · 10
8 ⇄ ☐☐
: 10

d) · 7
2 ⇄ ☐☐
: 7

3
a) · ☐
8 ⇄ 16
: ☐

b) · ☐
5 ⇄ 45
: ☐

c) · ☐☐
4 ⇄ 40
: ☐☐

d) · ☐
9 ⇄ 18
: ☐

4 Bilde Aufgabenfamilien.

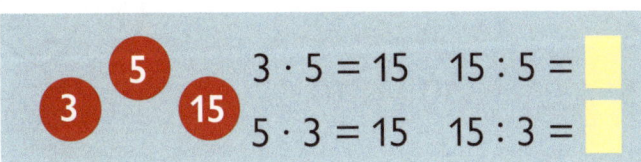

3 · 5 = 15   15 : 5 = ☐
5 · 3 = 15   15 : 3 = ☐

a) 5 6 30
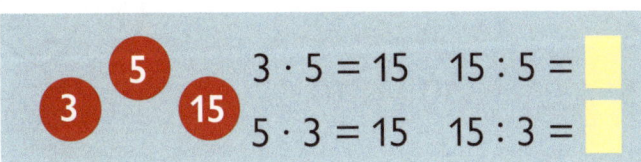

b) 9 2 18
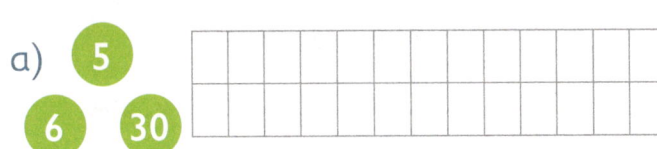

c) 9 8 72
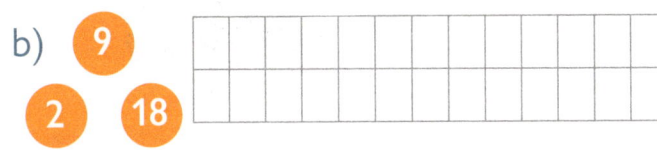

d) 7 14 2
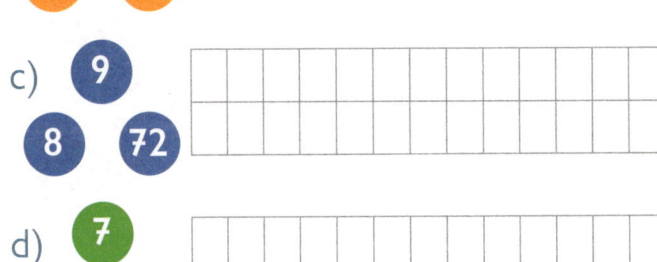

5 Finde die fehlenden Zahlen. Bilde dann Aufgabenfamilien.

a) 5 ? 8
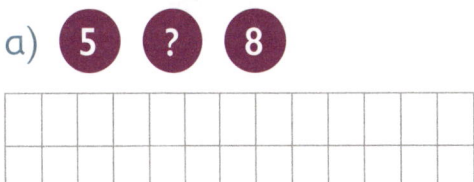

b) 16 ? 8
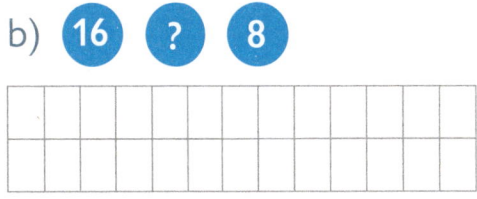

c) 35 7 ?
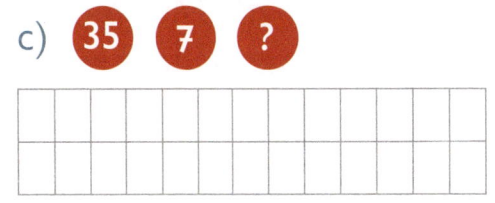

1: Aufteilen nach Vorgabe, Aufgabe und Umkehraufgabe finden und lösen
2 und 3: Platzhalter bestimmen   4 und 5: Aufgabenfamilien bilden
LB ▶ 78   TÜ ▶ 44

39

Dividieren durch 2

① Rechne.
Begründe mit der Umkehraufgabe.

a) 12 : 2 = ☐ , denn ☐ · ☐ = ☐

8 : 2 = ☐ , denn ☐ · ☐ = ☐

16 : 2 = ☐ , denn ☐ · ☐ = ☐

20 : 2 = ☐ , denn ☐ · ☐ = ☐

10 : 2 = ☐ , denn ☐ · ☐ = ☐

b) 18 : 2 = ☐ , denn ☐ · ☐ = ☐

2 : 2 = ☐ , denn ☐ · ☐ = ☐

14 : 2 = ☐ , denn ☐ · ☐ = ☐

4 : 2 = ☐ , denn ☐ · ☐ = ☐

6 : 2 = ☐ , denn ☐ · ☐ = ☐

② Bilde Aufgabenfamilien.

a) ⬤18 ⬤2 ⬤9

b) ⬤8 ⬤16 ⬤2

c) ⬤2 ⬤12 ⬤6

d) ⬤5 ⬤2 ⬤?

③ Setze das richtige Zeichen: < = > .

a) 10 : 2 ◯ 6
4 : 2 ◯ 2
16 : 2 ◯ 7

b) 14 : 2 ◯ 6
2 : 2 ◯ 1
8 : 2 ◯ 5

c) 18 ◯ 20 : 2
5 ◯ 12 : 2
10 ◯ 10 : 2

④ An jedes Fahrrad sollen zwei Packtaschen angebracht werden.
Es wurden 14 Packtaschen angeliefert.
Wie viele Fahrräder erhalten zwei Packtaschen?

⑤ Tom und Maria teilen sich 16 Münzen zu je 5 Cent.
a) Wie viele Münzen erhält jedes Kind?
b) Stimmt es, dass jeder jetzt 40 Cent hat?

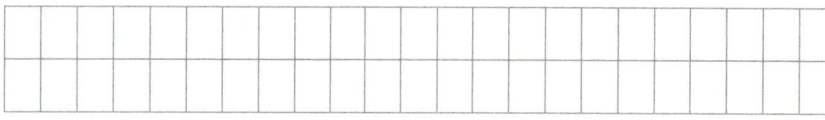

40

1: Dividieren, Ergebnis mit der Umkehraufgabe begründen   2: Aufgabenfamilien bilden
3: Relationszeichen setzen   4 und 5: Inhalt erfassen, Aufgabe finden und lösen, Antwort schreiben
LB ▶ 79   TÜ ▶ 45

① Immer das Doppelte. Male und schreibe die Aufgabe dazu.

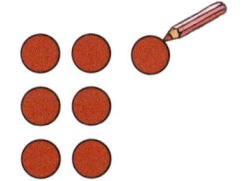   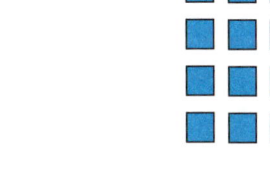   

3 · 2 = ☐☐   4 · 3 = ☐☐   2 · 5 = ☐☐

☐ · 2 = ☐☐   ☐ · 3 = ☐☐   ☐ · 5 = ☐☐

Immer das Doppelte

②

5	
3	
7	
20	
6	

③

8 €	☐ €
4 €	☐ €
6 €	☐ €
10 €	☐ €
7 €	☐ €

④

5 ct	☐ ct
2 ct	☐ ct
1 ct	☐ ct
40 ct	☐ ct
9 ct	☐ ct

6 10 12 14 40
2 ct 4 ct 10 ct
18 ct 80 ct
8 € 12 €
14 € 16 € 20 €

⑤ Immer die Hälfte. Zeichne ein, wie du halbierst.
Schreibe die Aufgabe dazu.

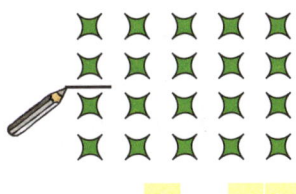 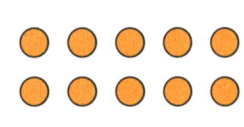 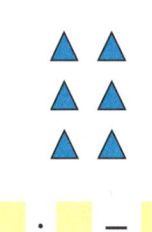 

20 : ☐ = ☐☐   ☐ : ☐ = ☐   ☐ : ☐ = ☐   ☐☐ : ☐ = ☐

Immer die Hälfte

⑥

8	
10	
2	
16	
14	

⑦

20 €	☐ €
4 €	☐ €
12 ct	☐ ct
18 €	☐ €
6 ct	☐ ct

⑧

14 m	☐ m
10 cm	☐ cm
16 cm	☐ cm
6 mm	☐ mm
40 m	☐ m

1 4 5 7 8
2 € 3 ct
6 ct 9 €
10 € 3 mm
5 cm 7 m
8 cm 20 m

1: Verdoppeln grafisch darstellen, Aufgaben zuordnen und lösen   2 bis 4: Verdoppeln
5: Halbieren grafisch darstellen, Aufgaben zuordnen und lösen   6 bis 8: Halbieren
LB ⦿ 80–81 TÜ ⦿ 46

41

Gerade und ungerade Zahlen

1	2	3	4	5	6	7	8	9	10
11	12	13	14	15	16	17	18	19	20
21	22	23	24	25	26	27	28	29	30
31	32	33	34	35	36	37	38	39	40
41	42	43	44	45	46	47	48	49	50
51	52	53	54	55	56	57	58	59	60
61	62	63	64	65	66	67	68	69	70
71	72	73	74	75	76	77	78	79	80
81	82	83	84	85	86	87	88	89	90
91	92	93	94	95	96	97	98	99	100

① Färbe im Hunderterquadrat:

a) alle Kästchen mit geraden Zahlen in der 2., 5. und 7. Zeile orange,

b) alle Kästchen mit ungeraden Zahlen in der 4. und 9. Zeile blau.

② Addiere die ungeraden Zahlen der 1. Zeile mit den darunterstehenden Zahlen der 2. Zeile.

> 1 + 11 = 12

Stimmt es, dass die Summe immer eine gerade Zahl ist?

③ Berechne die Summen und Differenzen.
Wenn das Ergebnis eine ungerade Zahl ist, dann kreise es blau ein.

a) 19 − 8 =
46 + 6 =
28 + 9 =
67 + 7 =

b) 38 − 20 =
53 + 40 =
77 − 50 =
31 − 20 =

c) 47 − 23 =
49 + 41 =
34 − 19 =
64 − 36 =

> 11 11 15
> 18 24 27
> 28 37 52
> 74 90 93

④ Suche eine passende Zahl zwischen 7 und 13, damit

a) das Ergebnis eine gerade Zahl wird,

15 + ☐ = ☐
27 + ☐ = ☐
48 + ☐ = ☐
79 + ☐ = ☐

b) das Ergebnis eine ungerade Zahl wird.

13 + ☐ = ☐
36 + ☐ = ☐
51 + ☐ = ☐
66 + ☐ = ☐

1: Gerade und ungerade Zahlen erkennen und färben   2: Addieren nach Vorgabe
3: Addieren und Subtrahieren, ungerade Zahlen als Ergebnis kennzeichnen   4: Passende Zahlen ermitteln, mehrere Möglichkeiten erörtern
LB ● 82   TÜ ● 47

1 Rechne.
Begründe mit der Umkehraufgabe.

a) 70 : 10 = ☐ , denn ☐ · ☐ = ☐

10 : 10 = ☐ , denn ☐ · ☐ = ☐

50 : 10 = ☐ , denn ☐ · ☐ = ☐

90 : 10 = ☐ , denn ☐ · ☐ = ☐

80 : 10 = ☐ , denn ☐ · ☐ = ☐

b) 35 : 5 = ☐ , denn ☐ · ☐ = ☐

20 : 5 = ☐ , denn ☐ · ☐ = ☐

5 : 5 = ☐ , denn ☐ · ☐ = ☐

15 : 5 = ☐ , denn ☐ · ☐ = ☐

45 : 5 = ☐ , denn ☐ · ☐ = ☐

2 Bilde Aufgabenfamilien.

a) **9** **5** **45**

b) **60** **6** **10**

c) **50** **10** **5**

d) **20** **10** **2**

3 Setze das richtige Zeichen: **< = >**.

a) 25 : 5 ◯ 4

5 : 5 ◯ 5

10 : 5 ◯ 2

b) 10 : 10 ◯ 1

90 : 10 ◯ 10

40 : 10 ◯ 3

c) 10 ◯ 100 : 10

7 ◯ 60 : 10

20 ◯ 30 : 10

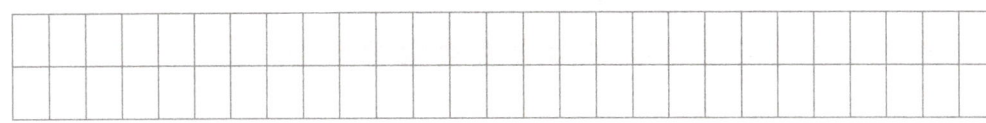

4 a) Tom hat 40 Steckwürfel.
Er baut damit 5er-Türme.

b) Lisa hat 18 Steckwürfel.
Sie baut 2er-Türme.

Wer von den beiden baut mehr Türme?

5 Ben und Maria teilen 14 Münzen zu je 10 Cent.
a) Wie viele Münzen bekommt jeder?
b) Hat jedes Kind mehr oder weniger als 70 Cent?

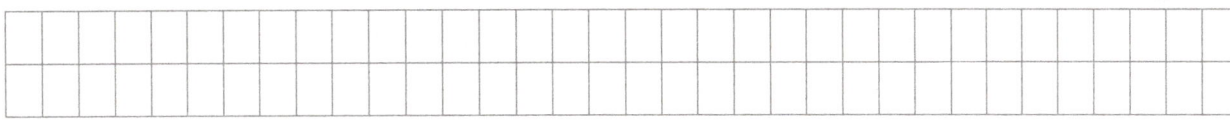

1: Dividieren, Ergebnis mit der Umkehraufgabe begründen   2: Aufgabenfamilien bilden
3: Relationszeichen setzen   4 und 5: Inhalt erfassen, Aufgabe bilden und lösen, Antwort schreiben
LB ○ 83–84   TÜ ○ 48

43

Multiplizieren und Dividieren

1 Schreibe als Multiplikationsaufgabe.

a) $2 + 2 + 2 = \boxed{}$ $5 + 5 + 5 + 5 + 5 = \boxed{}$ $10 + 10 + 10 + 10 = \boxed{}$

$\boxed{} \cdot \boxed{} = \boxed{}$ $\boxed{} \cdot \boxed{} = \boxed{}$ $\boxed{} \cdot \boxed{} = \boxed{}$

b) $5 + 5 = \boxed{}$ $10 + 10 + 10 = \boxed{}$ $2 + 2 + 2 + 2 + 2 + 2 + 2 = \boxed{}$

$\boxed{} \cdot \boxed{} = \boxed{}$ $\boxed{} \cdot \boxed{} = \boxed{}$ $\boxed{} \cdot \boxed{} = \boxed{}$

2 Schreibe als Additionsaufgabe.

$3 \cdot 5 = \boxed{}$

5	+	5	+	5	=							

$6 \cdot 5 = \boxed{}$

$4 \cdot 2 = \boxed{}$

$2 \cdot 10 = \boxed{}$

3

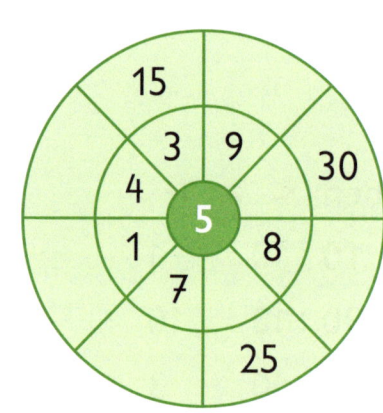
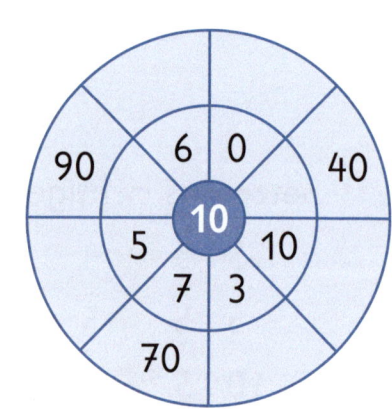

4 Teile auf und rechne.

Immer 2: ●●|●●|●●●●●●●●●●●●●●●●●●●● $\boxed{} : \boxed{} = \boxed{}$

Immer 5: ●●●●●●●●●●●●●●●●●●●●●●●●● $\boxed{} : \boxed{} = \boxed{}$

Immer 10: ●●●●●●●●●●●●●●●●●●●●●●●● $\boxed{} : \boxed{} = \boxed{}$

5 Dividiere. Begründe mit der Umkehraufgabe.

a) $8 : 2 = \boxed{}$, denn $\boxed{} \cdot \boxed{} = \boxed{}$ b) $15 : 5 = \boxed{}$, denn $\boxed{} \cdot \boxed{} = \boxed{}$

$14 : 2 = \boxed{}$, denn $\boxed{} \cdot \boxed{} = \boxed{}$ $35 : 5 = \boxed{}$, denn $\boxed{} \cdot \boxed{} = \boxed{}$

$18 : 2 = \boxed{}$, denn $\boxed{} \cdot \boxed{} = \boxed{}$ $20 : 5 = \boxed{}$, denn $\boxed{} \cdot \boxed{} = \boxed{}$

$12 : 2 = \boxed{}$, denn $\boxed{} \cdot \boxed{} = \boxed{}$ $5 : 5 = \boxed{}$, denn $\boxed{} \cdot \boxed{} = \boxed{}$

1 und 2: Multiplikations- bzw. Additionsaufgaben zuordnen   3: Multiplikationsaufgaben lösen
4: Aufteilen nach Vorgabe, Aufgaben finden und lösen   5: Dividieren und begründen
LB ◑ 86–90   TÜ ◑ 49

① a) $40 \xrightarrow{:\square\square} 4 \xrightarrow{\cdot\square} 8$ 　　b) $5 \xrightarrow{\cdot\square} 30 \xrightarrow{:\square\square} 3$

$70 \xrightarrow{:\square\square} 7 \xrightarrow{\cdot\square} 35$ 　　　$10 \xrightarrow{\cdot\square} 20 \xrightarrow{:\square} 4$

$50 \xrightarrow{:\square} 10 \xrightarrow{\cdot\square} 20 \xrightarrow{:\square} 4$ 　　$8 \xrightarrow{\cdot\square} 40 \xrightarrow{:\square\square} 4 \xrightarrow{\cdot\square} 20$

$4 \xrightarrow{\cdot\square} 40 \xrightarrow{:\square} 8 \xrightarrow{\cdot\square} 16$ 　　$20 \xrightarrow{:\square} 4 \xrightarrow{\cdot\square\square} 40 \xrightarrow{:\square} 5$

②

·	5	2	10
3			
7			
0			
5			
9			

③

:	5	10
20		
10		
40		
30		
50		

0 0 0 1 2 2 3
4 4 5 6 6 8
10 10 14 15
18 25 30 35
45 50 70 90

④ a) $20\,€ : 5 = \boxed{}\,€$ 　　b) $7\,ct \cdot 2 = \boxed{}\,ct$ 　　c) $16\,m \ \ : 2 = \boxed{}\,m$

$90\,€ : 10 = \boxed{}\,€$ 　　　$10\,ct \cdot 6 = \boxed{}\,ct$ 　　　$40\,mm : 5 = \boxed{}\,mm$

$18\,€ : 2 = \boxed{}\,€$ 　　　$8\,ct \cdot 5 = \boxed{}\,ct$ 　　　$80\,cm \ : 10 = \boxed{}\,cm$

$45\,€ : 5 = \boxed{}\,€$ 　　　$10\,ct \cdot 10 = \boxed{}\,ct$ 　　　$100\,m \ \ : 10 = \boxed{}\,m$

4€ 9€ 9€ 9€ 14ct 40ct 60ct 100ct 8mm 8cm 8m 10m

⑤ a) Anna verteilt 35 Bonbons an 7 Kinder. Wie viele Bonbons erhält jedes Kind?

Aufgabe:

Antwort:

b) Jedes Kind fertigt 10 Wimpel für eine Wimpelkette an. Insgesamt arbeiten 10 Kinder. Wie viele Wimpel wird die Kette haben?

Aufgabe:

Antwort:

1: Rechenkette vervollständigen 　2 und 3: Multiplizieren und Dividieren in Tabellen
4: Multiplizieren und Dividieren von Größen 　5: Inhalt erfassen, Aufgabe bilden und lösen, Antwort schreiben
LB ❯ 86–90 　TÜ ❯ 49

45

Zeichnen von Kreisen

1 Zeichne um die Punkte M, N und K Kreise mit dem angegebenen Radius.

r = 2 cm   r = 28 mm   r = 2 cm 5 mm

×
M

×
N

×
K

2 Zeichne um S einen zweiten Kreis mit einem doppelt so großen Radius.

×
S

3 Zeichne um P einen zweiten Kreis mit einem halb so großen Radius.

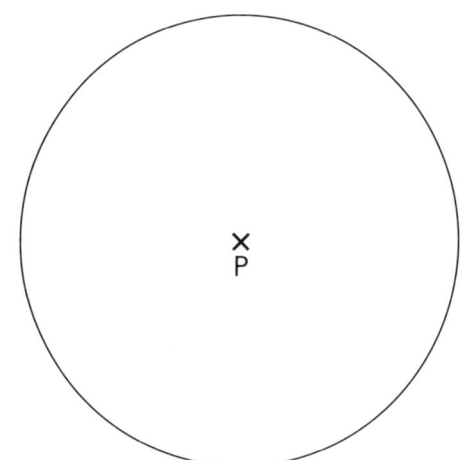

×
P

4 Zeichne zwei Kreise, die sich schneiden.

5 Zeichne zwei Kreise, die sich berühren.

6 Zeichne das Muster weiter.

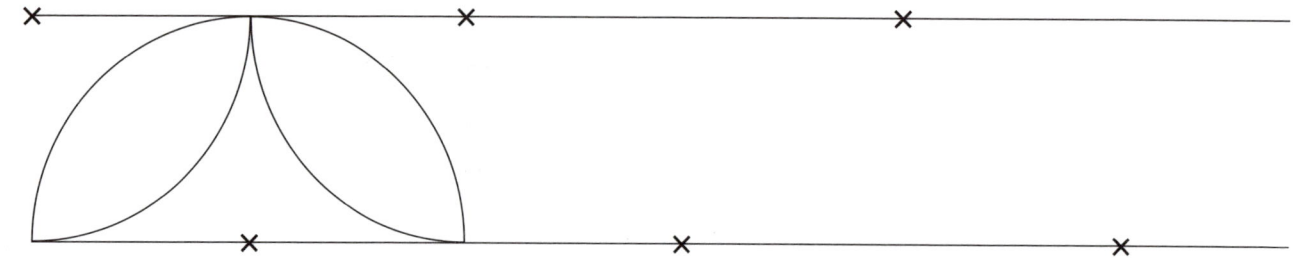

46

① Das Spiegelbild stimmt nicht. Finde 10 Fehler. Kreise sie ein.

② Ergänze zu symmetrischen Figuren.

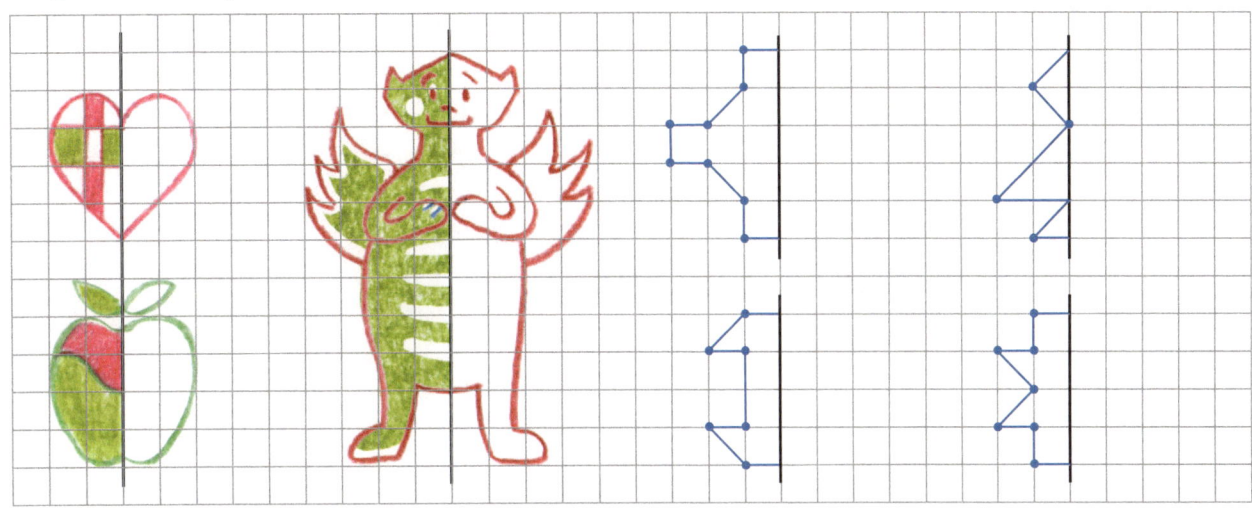

3 Sind alle Linien wirklich Symmetrieachsen?
Prüfe mit dem Spiegel und zeichne die Symmetrieachsen nach.

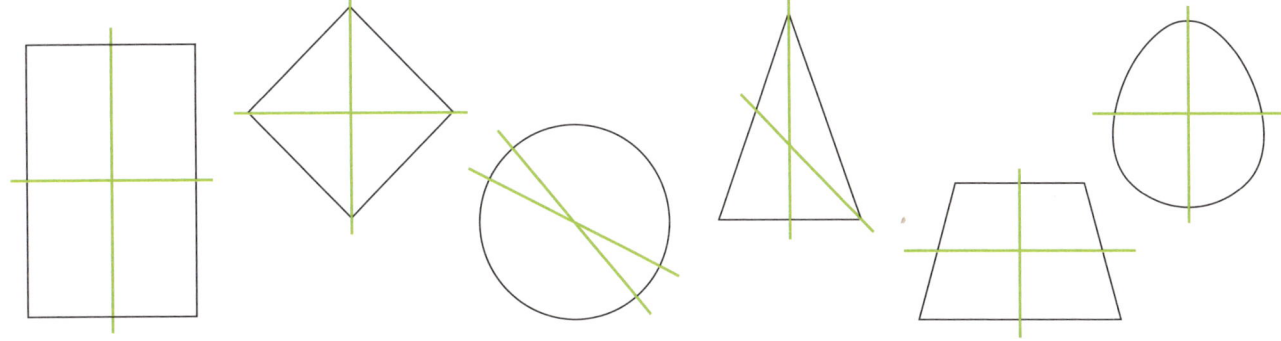

④ Ist Anna glücklich oder traurig?
   a) Nimm dir einen Spiegel.   b) Zeichne solche Gesichter.

Die Uhrzeit

1 Wie spät ist es? Gib jeweils die Vormittags- und Nachmittagszeit an.

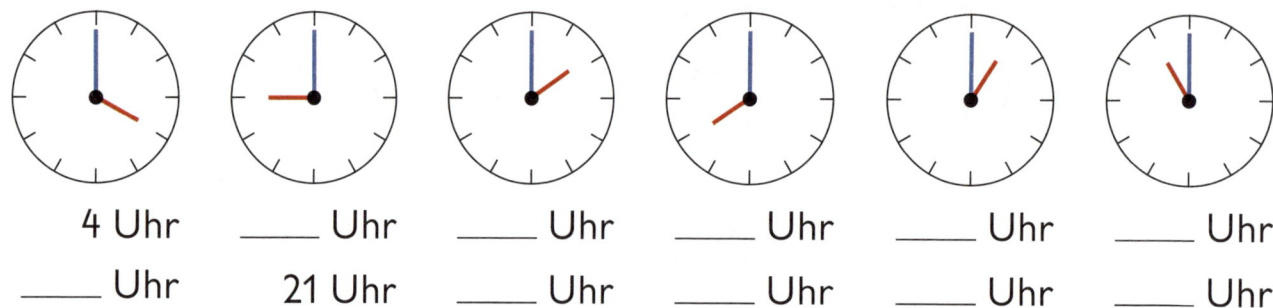

4 Uhr ____ Uhr ____ Uhr ____ Uhr ____ Uhr ____ Uhr

____ Uhr 21 Uhr ____ Uhr ____ Uhr ____ Uhr ____ Uhr

2 Zeichne die Zeiger ein. Ergänze die fehlenden Uhrzeiten.

12 Uhr ____ Uhr ____ Uhr ____ Uhr ____ Uhr ____ Uhr

3 Welche Uhrzeiten verstecken sich hinter diesen Angaben? Schreibe sie auf.

acht Uhr vormittags   vier Uhr nachmittags   zwei Uhr nachts   sechs Uhr morgens   zwölf Uhr mittags

_____   _____   _____   _____   _____

4 Färbe die angegebenen Minuten in den Uhren.

5 min   15 min   30 min   45 min   60 min   26 min

5 Verbinde gleiche Uhrzeiten.

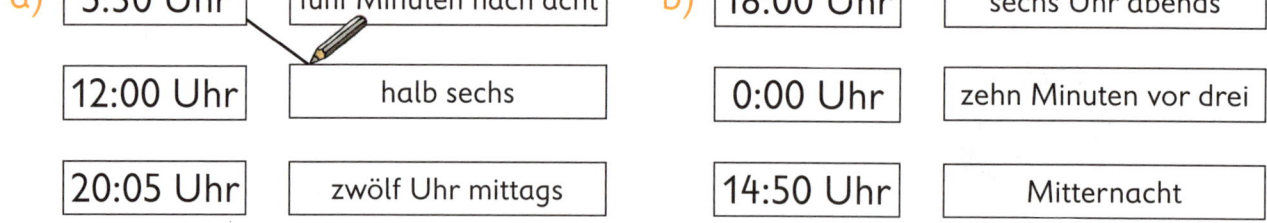

a)
5:30 Uhr	fünf Minuten nach acht
12:00 Uhr	halb sechs
20:05 Uhr	zwölf Uhr mittags

b)
18:00 Uhr	sechs Uhr abends
0:00 Uhr	zehn Minuten vor drei
14:50 Uhr	Mitternacht

1: Uhrzeiten ablesen, Vor- und Nachmittagszeit angeben   2: Zeigerstellung einzeichnen, fehlende Uhrzeiten ergänzen
3: Uhrzeiten aufschreiben   4: Minuten einzeichnen   5: Gleiche Uhrzeiten verbinden
LB ➲ 96–97   TÜ ➲ 53–54

① Wie spät ist es? Schreibe jeweils die Vormittags- und die Nachmittagszeit auf.

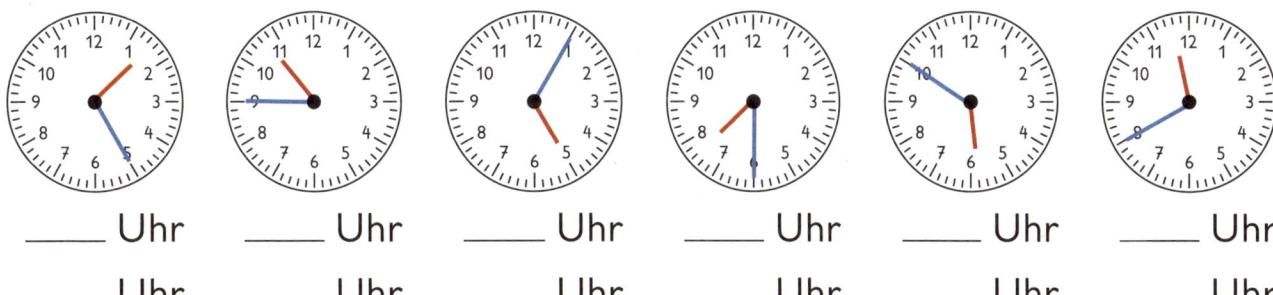

_____ Uhr   _____ Uhr   _____ Uhr   _____ Uhr   _____ Uhr   _____ Uhr

_____ Uhr   _____ Uhr   _____ Uhr   _____ Uhr   _____ Uhr   _____ Uhr

② Zeichne die Zeiger ein.

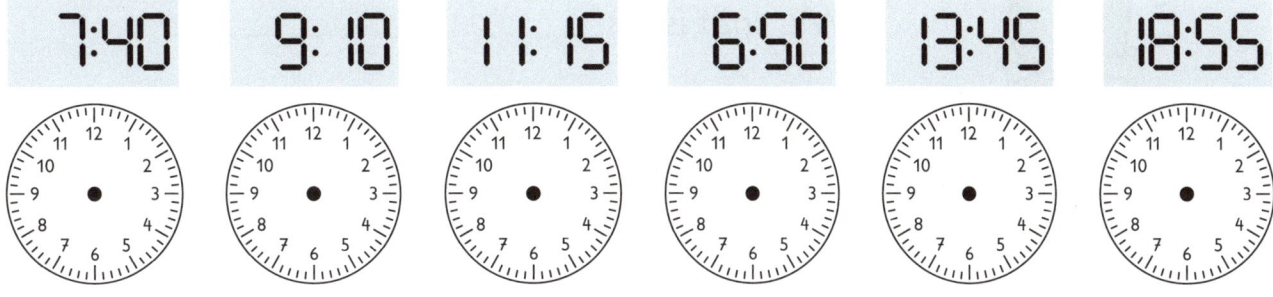

③ Kinderprogramm

12:05	Nils Holgersson
12:40	Die Maus Die Insel der Erfinder
13:25	Piets irre Pleiten
14:10	Schloss Einstein
15:00	Endlich Samstag!
15:50	logo!
16:00	Wir fahren nach Berlin
16:30	Ubos
16:50	Die Schule der kleinen Vampire
17:15	Tolle Trolle
17:35	SimsalaGrimm
18:00	Shaun das Schaf
18:15	Marcelino
18:40	Lauras Stern
18:50	Sandmann
19:00	Nils Holgersson
19:25	Wissen macht Ah!

Kreuze die zutreffenden Sätze an.

☐ „SimsalaGrimm" beginnt um 17:35 Uhr.

☐ „Shaun das Schaf" dauert 10 min.

☐ „Nils Holgersson" kommt um 12:05 Uhr und um 19:00 Uhr.

☐ „Die Schule der kleinen Vampire" endet um 17:00 Uhr.

☐ „Schloss Einstein" beginnt 10 Minuten nach 14 Uhr.

④ Ergänze zur nächsten vollen Stunde.

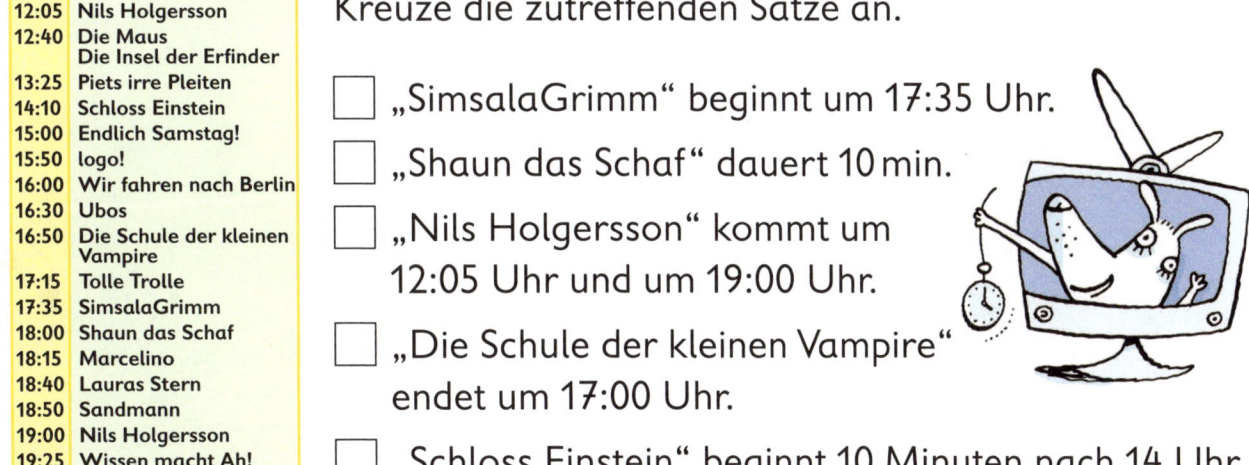

a) [Uhr] + [   ] min → [Uhr]

[Uhr] + [   ] min → [Uhr]

[Uhr] + [   ] min → [Uhr]

b) 18:40 Uhr + [   ] min → 19:00 Uhr

12:50 Uhr + [   ] min → 13:00 Uhr

5:25 Uhr + [   ] min → 6:00 Uhr

1: Uhrzeiten ablesen (5-Minuten-Genauigkeit)   2: Zeiger nach Vorgabe in die Uhren einzeichnen
3: Orientierung im Fernsehprogramm   4: Uhrzeiten zur nächsten vollen Stunde ergänzen
LB ○ 97   TÜ ○ 53–54

49

Zeitpunkt und Zeitdauer

① Färbe die Zeitangaben in den Uhren.

 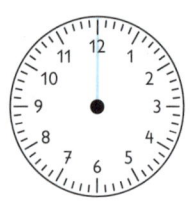 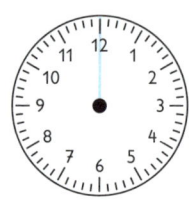 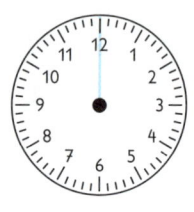 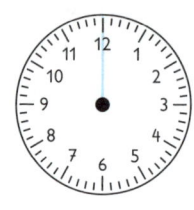

| 10 min | eine halbe Stunde | 20 min | eine Viertel-stunde | eine Stunde | eine Drei-viertelstunde |

② Maria ist gerade in der Schule angekommen. Sie schaut auf die Uhr.

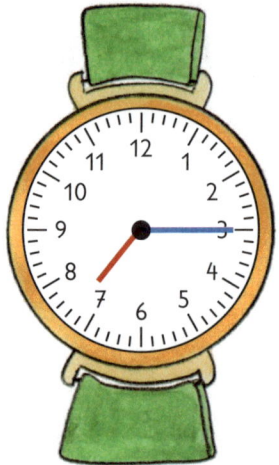

a) Wie spät ist es? _____

b) Vor einer Viertelstunde ist sie zu Hause losgegangen. Wie spät war es da? _____

c) Um 7:40 Uhr beginnt die erste Stunde. Wie viele Minuten sind es noch? _____

d) In zwei Stunden ist große Pause. Wie spät ist es dann?

_____

③ Maria und Max haben verschiedene Hobbys.
Wie viel Zeit verbringen sie in der Woche damit?

 Maria spielt am Dienstag Fußball.

15:30 Uhr _____ + _____ ⟶ 16:30 Uhr

 Max hat Donnerstag Klavierunterricht.

_____ Uhr _____ + _____ ⟶ _____ Uhr

④ Wie viel Zeit verbringst du mit einem Hobby?
Stelle es so dar wie in Aufgabe 3.

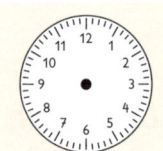 Ich _____

_____ Uhr _____ + _____ ⟶ _____ Uhr

(1) a) Wie viele Beine haben
die Hamster zusammen?

b) Wie viele Birnen sind
es insgesamt?

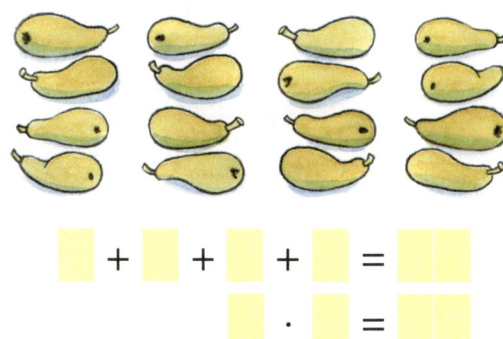

☐ + ☐ + ☐ = ☐☐

☐ · ☐ = ☐☐

☐ + ☐ + ☐ + ☐ = ☐☐

☐ · ☐ = ☐☐

(2) a) 3 · 4 = ☐☐   b) 10 · 4 = ☐☐

7 · 4 = ☐☐   6 · 4 = ☐☐

0 · 4 = ☐☐   1 · 4 = ☐☐

5 · 4 = ☐☐   4 · 4 = ☐☐

| 0 4 12 16 20 24 28 40 |

(3) a) 8 : 4 = ☐   b) 40 : 4 = ☐☐

28 : 4 = ☐   16 : 4 = ☐☐

32 : 4 = ☐   24 : 4 = ☐☐

4 : 4 = ☐   12 : 4 = ☐☐

| 1 2 3 4 6 7 8 10 |

(4)

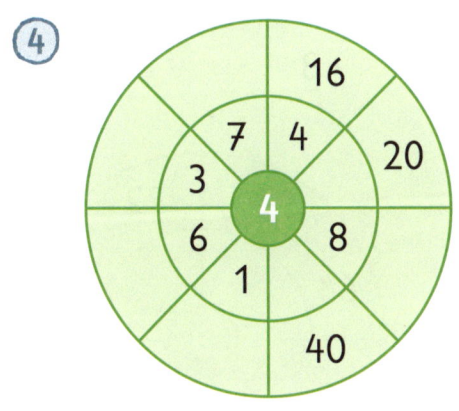

16 7 4 3 20 6 4 8 1 40

5

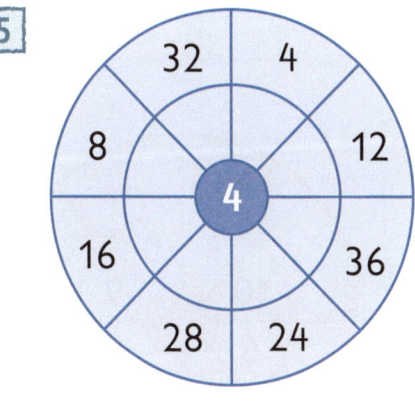

32 4 8 12 4 16 36 28 24

(6) a) 16 = ☐ · 4   b) 4 = ☐ · 4

36 = ☐ · 4   32 = ☐ · 4

20 = ☐ · 4   0 = ☐ · 4

12 = ☐ · 4   8 = ☐ · 4

7 a) ☐☐ : 4 = 2   b) ☐☐ : 4 = 10

☐☐ : 4 = 4   ☐☐ : 4 = 5

☐☐ : 4 = 1   ☐☐ : 4 = 3

☐☐ : 4 = 8   ☐☐ : 4 = 6

(8) Ben hat 32 Spielkarten
an 4 Kinder verteilt.
Wie viele Karten hat
jedes Kind bekommen?

Aufgabe:

Antwort:

1: Additions- und Multiplikationsaufgaben zuordnen   2 bis 7: Multiplizieren und Dividieren
8: Inhalt erfassen, Aufgabe bilden und lösen, Antwort schreiben
LB ❍ 102–103   TÜ ❍ 56

51

1 Wie viele Ruderer nehmen insgesamt am Wettkampf teil?

☐ + ☐ + ☐ + ☐ = ☐☐

☐ · ☐ = ☐☐

2 a) 2 · 8 = ☐☐   b) 5 · 8 = ☐☐

7 · 8 = ☐☐   3 · 8 = ☐☐

4 · 8 = ☐☐   1 · 8 = ☐☐

0 · 8 = ☐☐   6 · 8 = ☐☐

| 0 8 16 24 32 40 48 56 |

3 a) 24 : 8 = ☐   b) 80 : 8 = ☐☐

40 : 8 = ☐   8 : 8 = ☐

16 : 8 = ☐   32 : 8 = ☐

48 : 8 = ☐   72 : 8 = ☐☐

| 1 2 3 4 5 6 9 10 |

4

·	8	4	2
7			
5			
8			

5

:	4	8
16		
24		
32		

6 24 = ☐ · 8   **7** ☐☐ : 8 = 7

40 = ☐ · 8   ☐☐ : 8 = 2

56 = ☐ · 8   ☐☐ : 8 = 6

32 = ☐ · 8   ☐☐ : 8 = 1

8

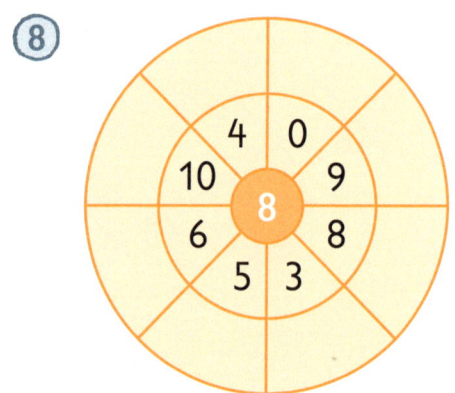

9

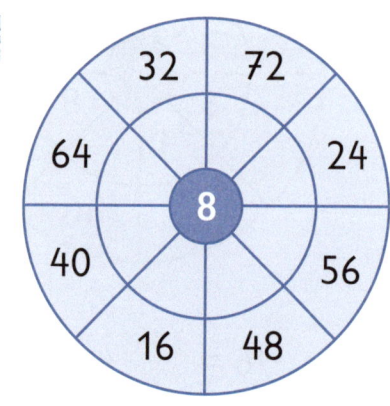

10 Bilde Aufgabenfamilien.

a) **4** **8** **32**   b) **72** **8** **9**   c) **6** **?** **8**

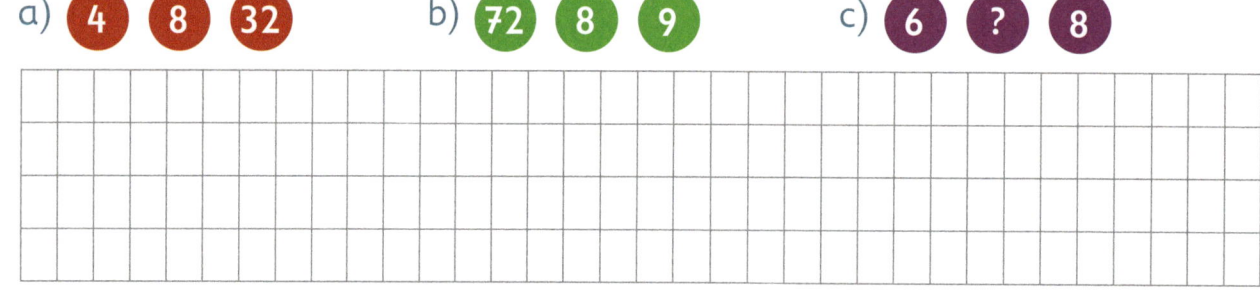

1: Additions- und Multiplikationsaufgabe zuordnen
2 bis 9: Multiplizieren und Dividieren   10: Aufgabenfamilien bilden
LB ▸ 104–105   TÜ ▸ 57

①

☐ + ☐ + ☐ + ☐ + ☐ + ☐ = ☐☐   ☐ + ☐ + ☐ = ☐

☐ · ☐ = ☐☐   ☐ · ☐ = ☐

② a) 5 · 3 = ☐☐   b) 7 · 3 = ☐☐
   9 · 3 = ☐☐   4 · 3 = ☐☐
   6 · 3 = ☐☐   0 · 3 = ☐☐
   1 · 3 = ☐☐   3 · 3 = ☐☐

| 0 3 9 12 15 18 21 27 |

③ a) 27 : 3 = ☐   b) 9 : 3 = ☐
   15 : 3 = ☐   12 : 3 = ☐
   3 : 3 = ☐   24 : 3 = ☐
   18 : 3 = ☐   6 : 3 = ☐

| 1 2 3 4 5 6 8 9 |

④ Rechne und male aus.

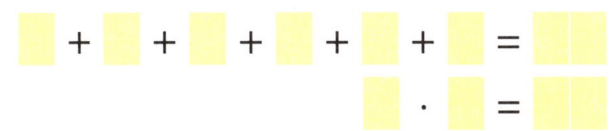 9, 18, 21, 27, 30
 15, 20, 28
 0, 16, 32

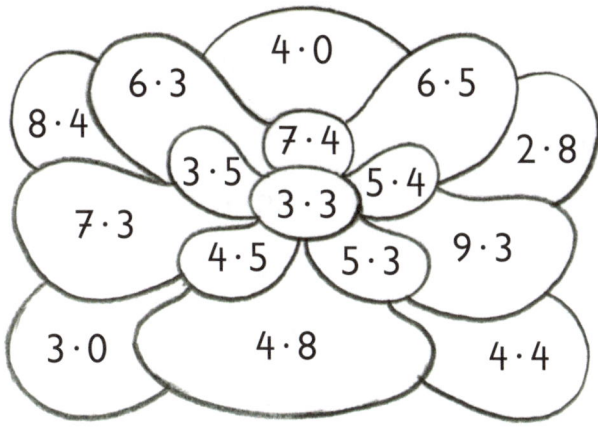

⑤ 30 = ☐☐ · 3
   18 = ☐☐ · 3
   24 = ☐☐ · 3

⑥ ☐☐ : 3 = 5
   ☐☐ : 3 = 3
   ☐☐ : 3 = 7

⑦ In der Sportgruppe sind 24 Kinder. Sie wollen 3 Mannschaften bilden. Wie viele Kinder sind in einer Mannschaft?

Aufgabe:
Antwort:

⑧ Setze das richtige Zeichen: < = >.

a) 9 · 3 ○ 30   b) 5 · 3 ○ 15   c) 27 ○ 8 · 3   d) 3 · 5 ○ 5 · 3
   4 · 3 ○ 10   7 · 3 ○ 22   18 ○ 7 · 3   2 · 8 ○ 6 · 3
   8 · 3 ○ 22   10 · 3 ○ 20   24 ○ 9 · 3   7 · 4 ○ 9 · 3
   1 · 3 ○ 3   0 · 3 ○ 1   21 ○ 7 · 3   0 · 5 ○ 0 · 3

1: Aufgaben den Bildern zuordnen   2 bis 6: Multiplizieren und Dividieren
7: Inhalt erfassen, Aufgabe bilden und lösen, Antwort schreiben   8: Relationszeichen setzen
LB ⊙ 106–107   TÜ ⊙ 58

53

1 Wie viele Beine haben die vier Käfer insgesamt?

☐ + ☐ + ☐ + ☐ = ☐☐

☐ · ☐ = ☐☐

2 a) 3 · 6 = ☐☐   b) 7 · 6 = ☐☐

8 · 6 = ☐☐   2 · 6 = ☐☐

9 · 6 = ☐☐   0 · 6 = ☐☐

6 · 6 = ☐☐   1 · 6 = ☐☐

0 6 12 18 36 42 48 54

3 a) 36 : 6 = ☐   b) ☐☐ : 6 = 2

18 : 6 = ☐   ☐☐ : 6 = 5

54 : 6 = ☐   ☐☐ : 6 = 8

6 : 6 = ☐   ☐☐ : 6 = 9

1 3 6 9 12 30 48 54

4

·	3	5	8	10	6
6					
3					

5

:	6	3	4	2
24				
12				

6 Male aus.

🔴 durch 3 teilbar
🟡 durch 6 teilbar
🟢 durch 3 und 6 teilbar

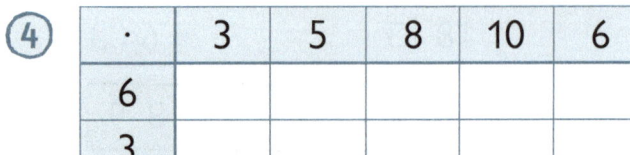 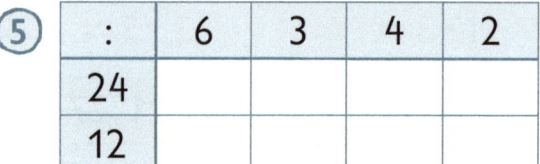

7 Rechne. Überprüfe mit der Umkehraufgabe.

a) 7 · 6 = ☐☐ , denn ☐☐ : 6 = ☐   b) 24 : 6 = ☐ , denn ☐ · 6 = ☐☐

5 · 6 = ☐☐ , denn ☐☐ : ☐ = ☐   36 : 6 = ☐ , denn ☐ · ☐ = ☐☐

9 · 6 = ☐☐ , denn ☐☐ : ☐ = ☐   48 : 6 = ☐ , denn ☐ · ☐ = ☐☐

4 · 6 = ☐☐ , denn ☐☐ : ☐ = ☐   18 : 6 = ☐ , denn ☐ · ☐ = ☐☐

8 Setze das richtige Zeichen: < = > .

a) 9 · 6 ⚪ 52   b) 25 ⚪ 4 · 6   c) 7 · 6 ⚪ 6 · 7   d) 5 · 6 ⚪ 3 · 10

6 · 3 ⚪ 18   60 ⚪ 10 · 6   6 · 0 ⚪ 1 · 3   6 · 6 ⚪ 5 · 8

6 · 5 ⚪ 36   40 ⚪ 8 · 6   8 · 6 ⚪ 4 · 10   2 · 6 ⚪ 8 · 0

0 · 6 ⚪ 6   42 ⚪ 7 · 6   4 · 6 ⚪ 3 · 8   9 · 6 ⚪ 9 · 5

1: Aufgaben dem Bild zuordnen   2 und 3: Multiplizieren und Dividieren   4 und 5: Tabellen ergänzen
6: Teilbarkeit ermitteln   7: Aufgabe lösen und mit der Umkehraufgabe überprüfen   8: Relationszeichen setzen
LB ● 108–109   TÜ ● 59

① Wie viele Vögel sitzen auf den Leitungen?

▦ + ▦ + ▦ = ▦▦

▦ · ▦ = ▦▦

② a) 4 · 9 = ▦   b) 3 · 9 = ▦

2 · 9 = ▦   5 · 9 = ▦

7 · 9 = ▦   8 · 9 = ▦

6 · 9 = ▦   0 · 9 = ▦

> 0   18   27   36   45   54   63   72

③ a) 18 : 9 = ▦   b) ▦ : 9 = 3

45 : 9 = ▦   ▦ : 9 = 7

90 : 9 = ▦   ▦ : 9 = 4

36 : 9 = ▦   ▦ : 9 = 9

> 2   4   5   10   27   36   63   81

④

·	3	6	9
4			
6			
7			
8			

⑤ Ergebnisse der Folge mit 9 werden gesucht. Färbe sie grün.

90   39   82   63   45   17   74   27   48   72   24   36   18   56   81   32

⑥

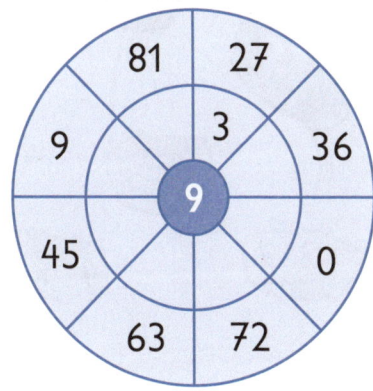

⑦ Anna und Tom bestellen 6 Kästen mit je 9 Flaschen Limonade und 9 Kästen mit je 6 Flaschen Apfelsaft. Von welchem Getränk werden mehr Flaschen bestellt?

Aufgabe:

Antwort:

1: Aufgaben zuordnen und lösen   2 bis 4: Multiplizieren und Dividieren   5: Ergebnisse der Malfolge zuordnen
6: Rechenräder lösen   7: Inhalt erfassen, Aufgaben finden und lösen, Antwort schreiben

55

LB ● 110–111   TÜ ● 60

① Wie viele Zwerge sind es insgesamt?

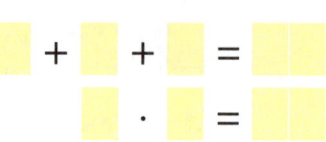

☐ + ☐ + ☐ = ☐☐

☐ · ☐ = ☐☐

② a) $4 \cdot 7 = $ ☐☐   b) $6 \cdot 7 = $ ☐☐

$7 \cdot 7 = $ ☐☐ $3 \cdot 7 = $ ☐☐

$9 \cdot 7 = $ ☐☐ $0 \cdot 7 = $ ☐☐

$10 \cdot 7 = $ ☐☐ $5 \cdot 7 = $ ☐☐

| 0 21 28 35 42 49 63 70 |

③ a) $21 : 7 = $ ☐   b) ☐☐ $: 7 = 5$

$14 : 7 = $ ☐   ☐☐ $: 7 = 4$

$56 : 7 = $ ☐   ☐☐ $: 7 = 9$

$28 : 7 = $ ☐   ☐☐ $: 7 = 3$

| 2 3 4 8 21 28 35 63 |

④ Ordne die Ballons den Körben zu.

⑤ Setze das richtige Zeichen: < = >.

a) $4 \cdot 7$ ◯ 30 42 ◯ $6 \cdot 7$ $5 \cdot 7$ ◯ $5 \cdot 8$ $3 \cdot 7$ ◯ $9 \cdot 2$

$7 \cdot 7$ ◯ 48 14 ◯ $3 \cdot 7$ $8 \cdot 7$ ◯ $8 \cdot 6$ $9 \cdot 7$ ◯ $10 \cdot 6$

b) $35 : 7$ ◯ 8 $49 : 7$ ◯ 7 9 ◯ $63 : 7$ $21 : 7$ ◯ $32 : 8$

$14 : 7$ ◯ 2 $28 : 7$ ◯ 5 7 ◯ $42 : 7$ $49 : 7$ ◯ $42 : 6$

① a) 3 · 6 = ☐ b) 2 · 2 = ☐ c) 6 · 6 = ☐ d) 10 · 10 = ☐

  4 · 7 = ☐   3 · 3 = ☐   7 · 7 = ☐   10 · 9 = ☐

  5 · 8 = ☐   4 · 4 = ☐   8 · 8 = ☐   10 · 7 = ☐

  6 · 9 = ☐   5 · 5 = ☐   9 · 9 = ☐   10 · 5 = ☐

> 4 9 16 18 25 28 36 40 49 50 54 64 70 81 90 100

② a) 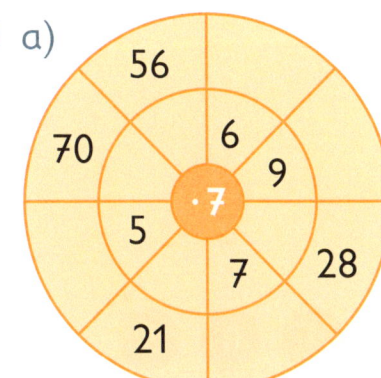 b) 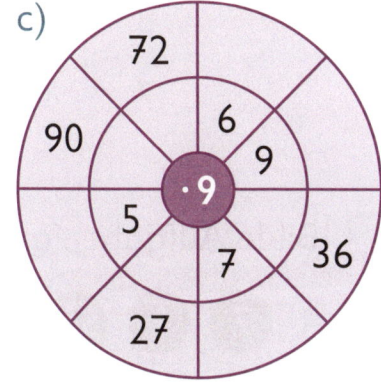 c)

③ a) 6 · ☐ = 36   b) 9 · ☐ = 18

  3 · ☐ = 15   8 · ☐ = 32

  4 · ☐ = 16   5 · ☐ = 40

  7 · ☐ = 56   3 · ☐ = 18

> 2 4 4 5 6 6 8 8

④ a) ☐ · 7 = 35   b) ☐ · 8 = 24

  ☐ · 3 = 27   ☐ · 9 = 45

  ☐ · 9 = 0   ☐ · 7 = 7

  ☐ · 6 = 54   ☐ · 5 = 40

> 0 1 3 5 5 8 9 9

⑤

·	5	2	7	9	3
4					
6					
3					

⑥

·	3	6	9	
8				
7			35	
9				36

⑦ Kartenspiele im Angebot

Jedes Kartenspiel nur **2 €**

2 Kartenspiele kosten ☐ €

5 Kartenspiele kosten ☐ €

10 Kartenspiele kosten ☐ €

1 und 2: Multiplizieren 3 und 4: Platzhalter bestimmen
5 und 6: Tabellen ergänzen 7: Preise berechnen
LB ⏵ 114–115

57

1 a)

:5			·5	
25			6	
30			5	
45			3	
	10			10
	8			20
	7			40

b)

:8			·8	
72			5	
48			7	
16			4	
	5			64
	3			48
	7			24

2 Bilde Aufgabenfamilien.

a) **7** **8** **56**   b) **9** **54** **6**   c) **?** **8** **5**

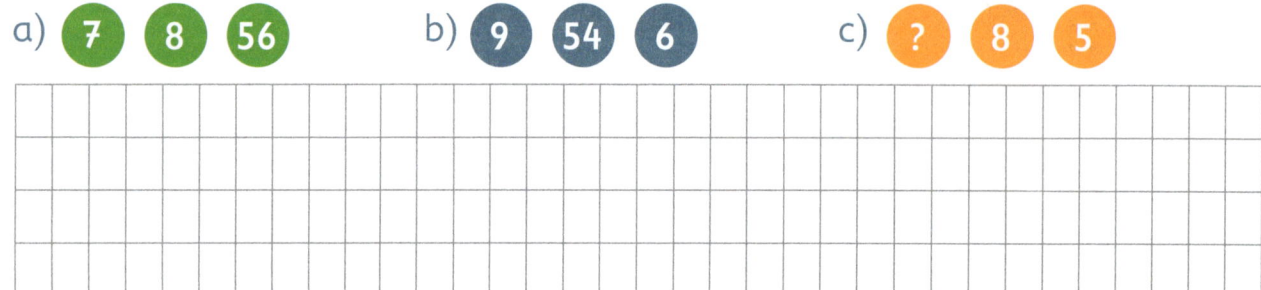

3 Rechne und male aus.

⬛	9, 3
🟥	4, 2
🟨	5, 1
🟩	8, 7
🟦	6, 10

24 : 4   4 : 2   30 : 6
27 : 3
3 : 3
80 : 8   2 : 2   40 : 4
36 : 9   18 : 9
45 : 9   12 : 4
15 : 3
54 : 6   9 : 3
70 : 10   40 : 5   49 : 7

58

1: Tabellen vervollständigen   2: Aufgabenfamilien bilden
3: Aufgaben lösen und Bild nach Vorgabe färben
LB ⊙ 114 – 115

① Tim darf sich von den Tellern ein Gebäck und
eine Frucht nehmen. Wie viele Möglichkeiten hat er?

Tipp!

Vervollständige die Tabelle.
Finde dazu eine Additions- oder
eine Multiplikationsaufgabe.

	Birne	Banane	Apfelsine	Apfel
Brezel	Brezel und Birne	_____	_____	_____
Hörnchen	_____	_____	_____	_____
Brötchen	_____	_____	_____	_____

☐ + ☐ + ☐ + ☐ = ☐☐   oder   ☐ · ☐ = ☐☐

Antwort: _____

② Bezahle mit möglichst wenig
Scheinen und Münzen.

Geld-betrag	50	20	10	5	2 €	1 €
65 €	1		1	1		
22 €						
86 €						
33 €						
45 €						
61 €						

③ Verteile die Zahlen 1 bis 6
so auf die Kreise, dass die
Summe auf jeder Dreiecks-
seite gleich ist.

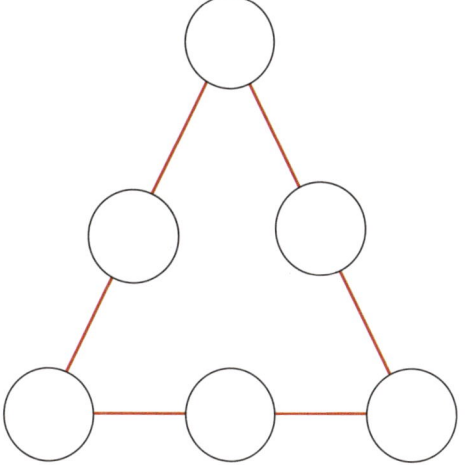

1: Tabelle vervollständigen, Aufgaben finden und lösen, antworten   2: Anzahl der Münzen und Scheine angeben
3: Zahlen nach Vorgabe zuordnen

59

LB ◖ 118–119   TÜ ◖ 62

1 Es gibt mehrere Wege vom Start zum Ziel.
Zeichne zwei mögliche Wege mit verschiedenen Farben ein.

2 Welche Figuren fehlen? Zeichne sie ein.

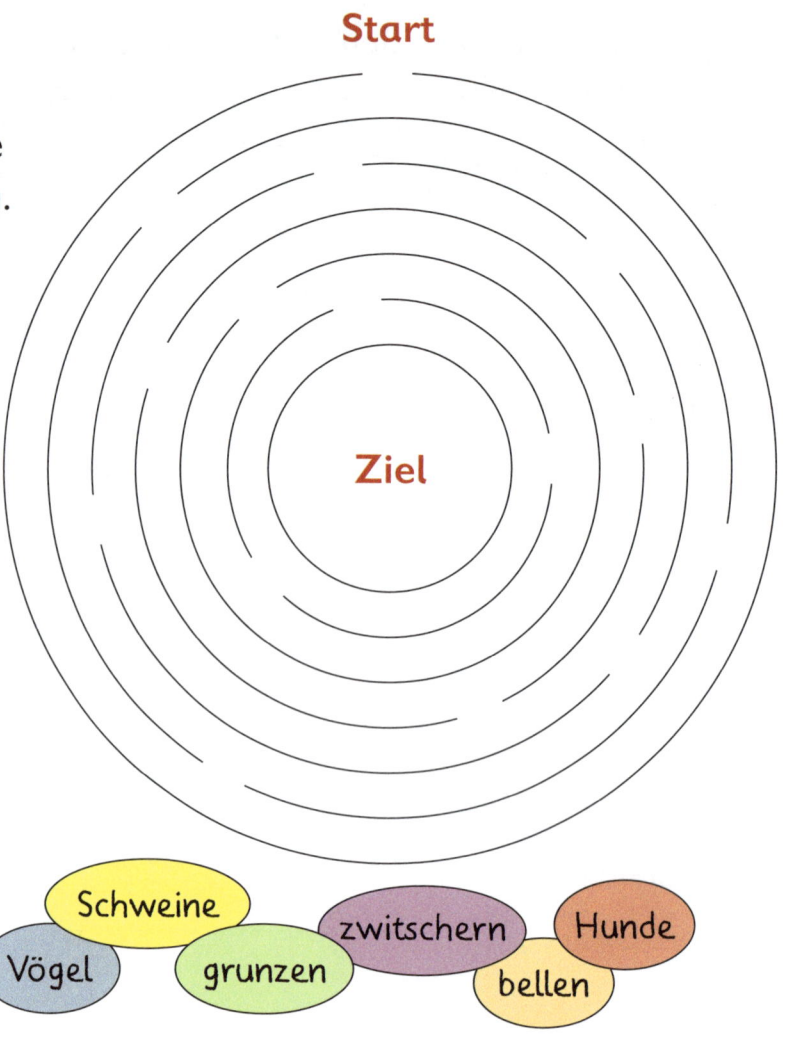

Start

Ziel

3 Lustige Sätze gesucht

Wie viele Sätze kannst du mit den 6 Wörtern bilden? Schreibe die Sätze auf.

_____

_____

_____

4 Lege mit Stäbchen die Figur.

a) Nimm vier Stäbchen so weg, dass nur zwei gleich große Quadrate bleiben.

b) Lege vier Stäbchen so um, dass du drei gleich große Quadrate erhältst.

60

1: Zwei Wege finden und einzeichnen   2: Fehlende Figuren einzeichnen
3: Sätze bilden und aufschreiben   4: Stäbchen nach Vorgabe legen
LB ◐ 118–119   TÜ ◐ 62

① In diesem Streifendiagramm ist die Anzahl der Kinder
in den Klassen 1 bis 4 einer Grundschule dargestellt.

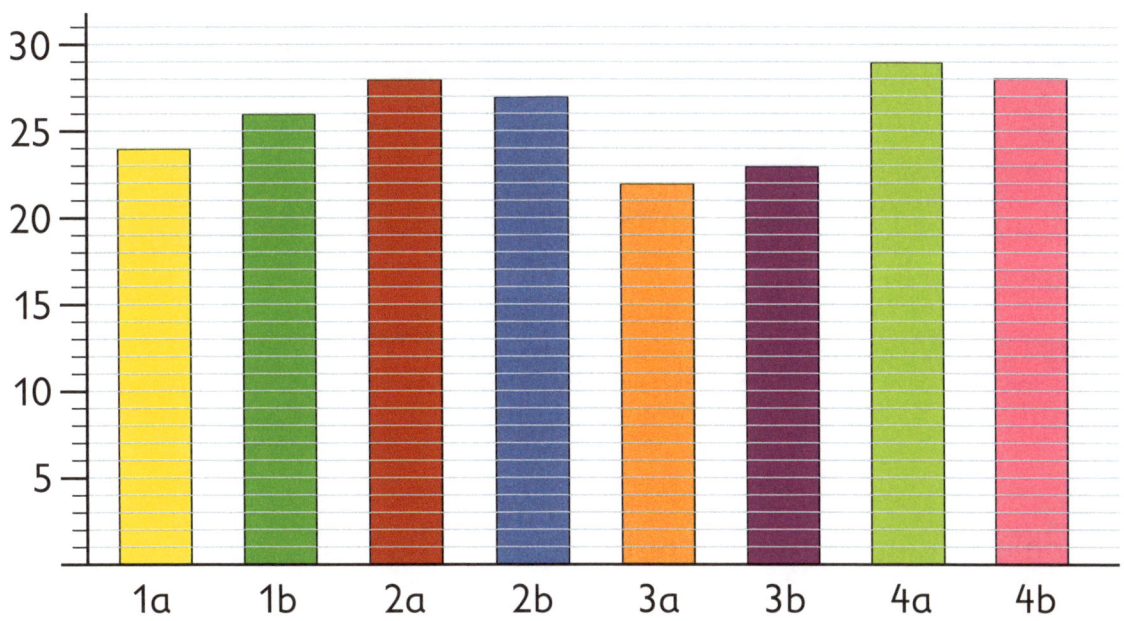

a) In welche Klasse gehen die meisten Kinder?   Klasse: ☐   Kinder: ☐

b) In welche Klasse gehen die wenigsten Kinder? Klasse: ☐   Kinder: ☐

c) Wie viele Kinder sind in jeder Klassenstufe?

Klassenstufe 1: ☐ + ☐ = ☐

Klassenstufe 2: ☐ + ☐ = ☐

Klassenstufe 3: ☐ + ☐ = ☐

Klassenstufe 4: ☐ + ☐ = ☐

d) Welche Klassenstufe
hat die wenigsten
Kinder?

Klassenstufe: ☐

② Fertige für deine Schule ein solches Streifendiagramm an.
Befrage dazu die Sekretärin, die Schulleiterin oder deine Lehrerin.

③ a) Wie viele Schwimmer
sind es zusammen?

☐ + ☐ = ☐

Schwimmer: ☐

Klasse	Schwimmer	Nichtschwimmer
2a	9	19
2b	12	15

b) Wie viele Nichtschwimmer
sind es zusammen?

☐ + ☐ = ☐

Nichtschwimmer: ☐

c) In der Klasse 3a sind doppelt so viele
Schwimmer wie in der Klasse 2a. Wie
viele Schwimmer sind in der Klasse 3a?

☐ · ☐ = ☐   Schwimmer der 3a: ☐

1: Daten dem Diagramm entnehmen und damit rechnen   2: Ein Diagramm für die eigene Schule anfertigen
3: Zahlen der Tabelle entnehmen und damit rechnen

LB ● 120–121 TÜ ● 63

61

1 Der Zirkus bietet für Kinder ein Sonderprogramm von Montag bis Donnerstag an. Tom hat für die Kartenbestellung eine Strichliste angefertigt.

✿✿✿ **Zirkus LOLLI** ✿✿✿
Kartenbestellung

Montag	Dienstag	Mittwoch	Donnerstag
ЖЖ IIII	ЖЖ ЖЖ IIII	ЖЖ II	ЖЖ ЖЖ ЖЖ III

a) Übertrage die Daten aus der Strichliste in die Tabelle.

Tag	Montag			
Anzahl	9			

b) Wie viele Kinder wollen insgesamt Karten haben?

☐ + ☐ + ☐ + ☐ = ☐

c) Veranschauliche die Kartenbestellung für die einzelnen Tage in einem Streifendiagramm.

Tipp!
1 Kästchen für 1 Kind

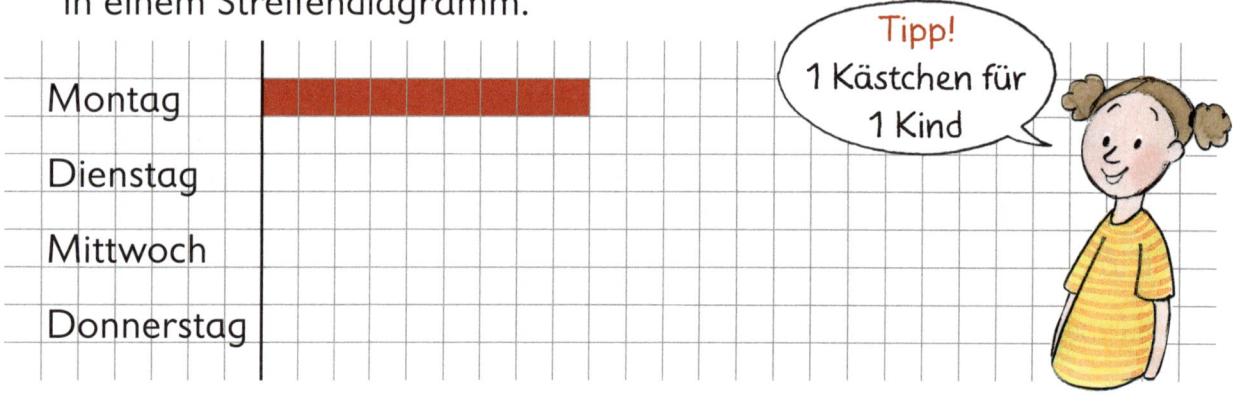

Montag
Dienstag
Mittwoch
Donnerstag

2 Lies aus dem Streifendiagramm ab, wie viele Kinder der 3. Klassen den Zirkus besuchten. (1 Kästchen bedeutet 1 Kind)

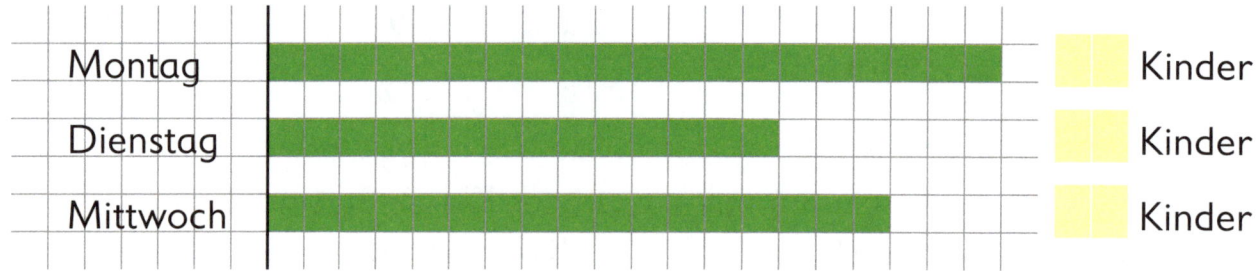

Montag ☐ Kinder
Dienstag ☐ Kinder
Mittwoch ☐ Kinder

Insgesamt besuchten ☐ Kinder der 3. Klassen den Zirkus.

1: Strichliste lesen, Daten in die Tabelle eintragen, das Doppelte, die Hälfte berechnen, Diagramm zeichnen
2: Anzahl der Kinder aus dem Diagramm ablesen
LB ⚫ 120–121 TÜ ⚫ 63

(1) Ergänze die fehlenden Namen der Tage in der richtigen Reihenfolge.

a) _____ , Dienstag, _____ , _____

b) _____ , Sonnabend, _____ , _____

(2) Schreibe die Monate im Jahresverlauf auf.
Wie viele Tage haben die Monate?

Monats-name		Februar		April		
Anzahl der Tage						

3 Ergänze.

vorgestern	gestern	heute	morgen	übermorgen	in einer Woche

Mai / Mai / Mai 17 Mo / Mai / Mai / Mai

4 Schreibe zu jedem Datum die andere Form auf.

24. März 2002	24. 03. 2002
12. Januar 2000	
14. Mai 2010	
4. Dezember 1971	
22. September 1992	

01. 02. 2009	1. Februar 2009
17. 04. 2015	
20. 08. 2011	
30. 10. 1963	
10. 11. 1992	

5 Die Urlaubskarte von Opa kam am 2. Mai an.
Er hat sie vor 5 Tagen abgeschickt. Wann war das?

_____

_____

1: Wochentage in der richtigen Reihenfolge nennen   2: Monatsnamen in der richtigen Reihenfolge nennen,
Anzahl der Tage zum Monat angeben   3: Datum und Tag ergänzen   4: Datum in Kurz- bzw. Langform schreiben   5: Datum ermitteln
LB ● 122–123   TÜ ● 64

63

Inhaltsverzeichnis

An der Seitenfarbe kannst du erkennen, worum es gerade geht:

Zahlen und Operationen
Größen
Geometrie

Die Aufgaben sind so nummeriert: ①

Hier ist es etwas schwieriger: ②

So erkennst du eine knifflige Aufgabe: ③

Auf den gelben Zetteln findest du die Lösungen: ○ 1 2 3